Chemnitz – Kleine Stadtgeschichte

Martin Clauss / Frank-Lothar Kroll

Chemnitz
Kleine Stadtgeschichte

VERLAG FRIEDRICH PUSTET
REGENSBURG

UMSCHLAGMOTIVE
Vorderseite: Chemnitz, Königstraße Ecke Brückstraße; historisch Postkarte, um 1900 (Stade-Auktionen). Rückseite: Chemnitzer Karl-Marx-Monument, genannt »Nischl«, nach einem Entwurf von Lew Kerbel (Alamy Stock Foto; Fotograf: Gunter Kirsch)

**BIBLIOGRAFISCHE INFORMATION DER
DEUTSCHEN NATIONALBIBLIOTHEK**
Die Deutsche Nationalbibliothek verzeichnet diese Publikation in der Deutschen Nationalbibliografie; detaillierte bibliografische Angaben sind im Internet über http://dnb.dnb.de abrufbar.

ISBN 978-3-7917-3028-8
© 2019 by Verlag Friedrich Pustet, Regensburg
Reihen-/Umschlaggestaltung und Layout: Martin Veicht, Regensburg
Satz: Vollnhals Fotosatz, Neustadt a. d. Donau
Druck und Bindung: Friedrich Pustet, Regensburg
Printed in Germany 2019

eISBN 978-3-7917-6149-7 (epub)

Weitere Publikationen aus unserem Programm
finden Sie auf www.verlag-pustet.de
Kontakt und Bestellungen unter verlag@pustet.de

Inhalt

Einleitung 7

12. und 13. Jahrhundert: Anfänge der Stadtgeschichte 10
Das Benediktinerkloster im 12. Jahrhundert / *Die Urkunde König Konrads III. von 1143* / Die Anfänge der Stadt / Reichsstadt im 13. Jahrhundert / Zwischen Kloster, Königtum und Wettinern

Chemnitz im 14. und 15. Jahrhundert 22
Landstadt der Wettiner / *Chemnitzer Urkundenbuch* / Das Bleichen im mittelalterlichen Chemnitz / Bier und Bierkrawalle / Stadt und Kloster: Wirtschaft, St. Jakobi, Gerichtsrechte / *Chemnitzer Brauereigeschichte*

Die Stadt am Ende des 15. Jahrhunderts: eine Zwischenbilanz . . . 40
Der Rote Turm / *Paulus Niavis*

Chemnitz im 16. und 17. Jahrhundert 49
Sächsische (Stadt-)Geschichte vor der Reformation / Reformation in Chemnitz / Im Schmalkaldischen Krieg / *Georgius Agricola* / Die Stadt im Dreißigjährigen Krieg / *Die Schlacht bei Chemnitz*

Frühe Weichenstellungen: Das 18. Jahrhundert 62
Krieg, Zerstörung, Neuaufbau / Städtisches Leben im 18. Jahrhundert / *Literarisches Chemnitz* / Blütezeit der Manufakturen und Beginn des Fabrikzeitalters

Im Zeitalter der Industrialisierung: 1800–1870 71
Das Stadtbild verändert sich / Anfänge kommunaler Selbstverwaltung / Neue Impulse für Bildung und Kultur / *Musik in Chemnitz* / Forcierte Industrialisierung / *Chemnitzer Industrielle* / Soziale Wandlungen und Formierung der Arbeiterbewegung

Großstadt im neuen Reich: 1870–1914 86
Chemnitzer Gründerjahre / Industrie – Architektur – Stadtbild / *Juden in Chemnitz* / Urbanisierung und kommunale Leistungsverwaltung / *Der Kaßberg* / Kultur, Bildung, Wissenschaften / Vorkriegswelten / *Autos in Chemnitz*

Im Zeitalter der Weltkriege: 1914–1945 108
Weltkrieg, Revolution, Neubeginn / Politik und Gesellschaft zwischen Demokratie und Diktatur / Stadt der Moderne / *Chemnitzer Autoren* / Weltwirtschaftskrise, Nationalsozialismus und Zweiter Weltkrieg / Bombenkrieg und Vernichtung der Stadt

Im Zeitalter des Kalten Krieges: 1945–1989 129
Neuanfang im Zeichen des Sowjetsterns / Gesellschaft und Wirtschaft im Sozialismus / Fremde und Fremdsein in Chemnitz / Eine neue Stadt / *Das Karl-Marx-Monument – »Der Nischel«* / Auf dem Weg zur »allseits entwickelten sozialistischen Persönlichkeit«? / Die Bezirksstadt als sozialistische Industriemetropole

Chemnitz im vereinigten Deutschland: 1990–2018 146
Politische Wende und demokratischer Neubeginn / Vom »Plan« zum »Markt«: Aufschwung Ost? / Gegenwart und Zukunft

Anhang 159
Zeittafel / Literatur / Register / Stadtplan / Bildnachweis

Einleitung

Im Jahr 2018 feierte die Stadt Chemnitz ein Jubiläum: Es bezog sich auf die vor 875 Jahren erfolgte Ersterwähnung des ›locus kameniz dictus‹ in einer Urkunde, die auf König Konrad III. und das Jahr 1143 ausgestellt ist. Dieses war indes nicht das erste Jubiläum in der Geschichte der Stadt: 1893 feierte man 750 und 1965 dann 800 Jahre Chemnitz.

Historiker haben ein vielschichtiges Verhältnis zu Jubiläen. Betrachtet man die Jahre, in denen in Chemnitz Jubiläum gefeiert wurde, wird schnell deutlich, wie variabel sich Bezugnahmen auf historische Ereignisse im Sinne der Traditionsstiftung gestalten können: Mal nahm man 1143 als Bezugspunkt, mal 1165. Dies hatte weniger mit dem jeweiligen Stand der geschichtswissenschaftlichen Forschung zu tun als vielmehr mit den politischen und gesellschaftlichen Rahmenbedingungen.

1893, anlässlich der 750-Jahr-Feier, wurde in einem Jubiläumsband korrekterweise darauf verwiesen, dass 1143 zwar nicht das Gründungsjahr der späteren Stadt Chemnitz gewesen sei, die erstmalige urkundliche Erwähnung des Ortes eine entsprechende Jubiläumsfeier jedoch vollauf rechtfertige. Hingegen bezog sich die im Juni 1965 mit großem Aufwand zelebrierte 800-Jahr-Feier unter dem Motto »800 Jahre alt – und doch so jung« auf eine zweifelhafte historische Legitimation. Maßgeblich war hier allein der politisch motivierte Wille der Karl-Marx-Städter SED-Bezirksleitung, eine Festwoche mit Massenumzügen zum 20. Jahrestag der »Befreiung vom Faschismus« zu inszenieren – und bei dieser Gelegenheit die städtebaulichen und infrastrukturellen »Errungenschaften des Sozialismus« zu präsentieren.

Solche Beobachtungen verweisen auf die gemeinschaftsstiftende Bedeutung von Geschichte und belegen, dass die professionelle Geschichtswissenschaft nicht die alleinige Deutungshoheit über die Vergangenheit besitzt. Im Sinne einer wissenschaftlichen Hermeneutik verfügen »runde« Jahreszahlen über kein besonderes Erkenntnispotenzial, sondern unterliegen den Zufälligkeiten des Dezimalsystems. Jubiläen sind nicht an sich, sondern als Ausdruck eines gesellschaftlichen Sich-Besinnen-Wollens unter Bezug auf Geschichte interessant und gehören damit zur Kernkompetenz der Geschichtswissenschaft. Deswegen müssen wir uns zu Jubiläen positionieren und mit der gesellschaftlichen Suche nach sinnbehafteter Tradition umgehen. Dann werden Jubiläen zum Anlass des Nachdenkens über die Vergangenheit und die Geschichten, die wir über sie erzählen. Der Deutungsprozess, aus dem Geschichte entsteht, ist beständigem Wandel unterworfen und bringt immer neue Sichtweisen und Interpretationen hervor.

In diesem Sinne präsentieren wir mit diesem Buch unsere Sicht auf die Chemnitzer Stadtgeschichte und nehmen das Jubiläum zum Anlass, diese einer interessierten Öffentlichkeit vorzustellen – fundiert und gut lesbar. Wir möchten dabei einen Zugang zur Vergangenheit der Stadt eröffnen, der verschiedene Facetten ihrer Geschichte und deren Erforschung beinhaltet.

Chemnitz entwickelte sich von einer Ansiedlung am Fuß des Klosterbergs zu einer blühenden Industriestadt. Eingefügt in die Landesherrschaft der Wettiner war die Stadt ein wichtiger Bestandteil der Mark Meißen, des Herzogtums, Kurfürstentums und Königreichs Sachsen. Durch die Industrielle Revolution entwickelte sie sich zu einem der bedeutendsten Wirtschaftsstandorte des Landes.

Die Zerstörungen des Zweiten Weltkriegs und die städtebaulichen Veränderungen in der DDR sowie im vereinigten Deutschland prägen heute das Stadtbild. Ohne Einblicke in die Vergangenheit und deren Ausdeutung zur Geschichte kann man dieses nicht verstehen. Chemnitz birgt die verschiedenen Epochen seiner Geschichte noch immer in sich und zeigt sie demjenigen, der hinzusehen versteht, in unterschiedlicher Deutlichkeit: Das Mittelalter scheint an wenigen Punkten auf, der Jugendstil prägt ganze Straßenzüge und Stadtviertel ebenso wie die sozialistische Architektur und postmoderne Glasbauten. Wiederaufbau und Zerstörung stehen eng nebeneinander und verweisen auf Probleme und Möglichkeiten.

Der Ort, der ›Chemnitz genannt wurde‹, hat sich zu einer lebhaften Großstadt entwickelt und steht vor zahlreichen Herausforderungen, die sich – auch – historisch erklären lassen. Daher versteht sich das Buch, im »Jahr Eins« nach dem Stadtjubiläum, nicht zuletzt als Anregung dazu, Reflexionen über Vergangenheit und Geschichte nicht an »runde« Jahreszahlen zu binden, sondern sie zu einem stetigen Bestandteil einer aufgeschlossenen Stadtöffentlichkeit werden zu lassen.

Als Autoren zeichnen wir für je einen Teil des Buches verantwortlich: Martin Clauss hat den Abschnitt von den Anfängen bis zum Ende des Dreißigjährigen Krieges (S. 10–61), Frank-Lothar Kroll den vom ausgehenden 17. Jahrhundert bis heute (S. 62–158) geschrieben. Zu beiden Teilen haben wir Seminarveranstaltungen an der Technischen Universität Chemnitz, an der wir lehren, durchgeführt. Einige der studentischen Arbeiten sind als kleine Exkurse in dieses Buch eingeflossen. Die Namen der Autorinnen und Autoren sind an entsprechender Stelle jeweils vermerkt. Gefördert wurde die Abfassung des Buches durch die Chemnitzer Wirtschaftsförderungs- und Entwicklungsgesellschaft (CEW), der wir herzlich danken.

Dank gebührt darüber hinaus unseren Chemnitzer Mitarbeiterinnen Antonia Krüger, Antonia Sophia Podhraski, Stefanie Reinholt sowie Herrn Sebastian Schaarschmidt.

Chemnitz, im Januar 2019   Martin Clauss
                                                   Frank-Lothar Kroll

12. und 13. Jahrhundert: Anfänge der Stadtgeschichte

Im ersten Abschnitt dieses Buches geht es zunächst um das mittelalterliche Chemnitz vom 12. bis zum 15. Jh., anschließend um das 16. und 17. Jh. bis zum Ende des Dreißigjährigen Krieges. Dabei wird nicht nur die Stadtgeschichte nachgezeichnet, sondern immer wieder auch auf die Grundlage unseres Wissens eingegangen. Dieser Zugang bietet sich für das Mittelalter umso mehr an, als uns mitunter nur wenige Quellen vorliegen und wir uns oftmals schwer tun, lückenlose Entwicklungslinien zu entfalten. Daher soll im Folgenden auch deutlich gemacht werden, wo wir auf Annahmen zurückgreifen und eher Schlaglichter setzen müssen, ohne die ganze Bühne der Stadtgeschichte ausleuchten zu können.

Das Benediktinerkloster im 12. Jahrhundert

Im Norden des Chemnitzer Stadtkerns erhebt sich der Schlossberg mit dem stadtgeschichtlichen Museum. Der Ort ist gut gewählt: Das Museum befindet sich in den Räumen des ehemaligen Benediktinerklosters. Dieses ist älter als die Stadt und für deren Geschichte von großer Bedeutung. Wenn wir die Anfangsphase der Stadtgeschichte verstehen wollen, müssen wir uns zunächst ihm zuwenden.

Dreh- und Angelpunkt der frühen Chemnitzer Kloster- und Stadtgeschichte ist eine Urkunde aus dem Jahr 1143. Aussteller war König Konrad III. (reg. 1138–1152) aus der Dynastie der Staufer. Der Rechtskern ist die Verleihung eines Marktprivilegs, das den Leitern des Klosters die Errichtung eines öffentlichen Marktes *(forum publicum)* erlaubt und den Einwohnern des Ortes die Abgabenfreiheit auf diesem Markt und beim Handel in allen Regionen des Reiches garantiert. Hinzu kommen Regelungen zur Vogtei und zur Ausstattung des Klosters.

Urkunde, in der die Gründung des Benediktinerklosters von Chemnitz bestätigt wird, ausgestellt auf Konrad III. und das Jahr 1143. Die Echtheit ist zweifelhaft.

Diese Urkunde ist die erste Erwähnung der Ortsbezeichnung ›Chemnitz‹ *(locus Kameniz dictus)* und des Benediktinerklosters. Wir greifen damit die Anfänge des Klosters, nicht aber der Stadt. Die Urkunde führt aus, dass das Kloster vom Vorgänger Konrads III., von Kaiser Lothar III. (Kg. 1125, Ks. 1133, † 1137,) gegründet und mit einer Ausstattung von zwei Meilen Land der römischen Kirche übertragen worden ist. Klosterpatronin war die Gottesmutter Maria, das Kloster folgte der Regel des hl. Benedikts und unter-

DIE URKUNDE KÖNIG KONRADS III. VON 1143

Wir sehen auf Seite 11 eine hochmittelalterliche Königsurkunde, geschrieben auf Pergament; ihre auffälligsten Äußerlichkeiten sind das Monogramm im unteren Drittel in der Mitte, das Siegel unten rechts und die langgezogene Schrift der ersten Zeile, die sog. Gitterschrift. Während diese ästhetische Zwecke verfolgte, dienten das aus Buchtstaben der Ausstellertitulatur zusammengesetzte Monogramm und das den Aussteller zeigende Siegel als Beglaubigungsmittel. Durch sie wurden die Authentizität der Urkunde und der Wille des Ausstellers deutlich gemacht, für den Rechtsinhalt einzustehen.

In diesem Fall verweist das Siegel aber auf die Schwierigkeiten, welche die geschichtswissenschaftliche Forschung mit dieser Urkunde hat: Ihre Echtheit ist von der Lokalgeschichte und der Urkundenforschung (Diplomatik) wiederholt angezweifelt worden. Wurde sie wirklich im Jahr 1143 von Konrad III. ausgestellt? Oder handelt es sich um eine Fälschung aus späteren Zeiten?

Einige Aspekte sind unbestritten: Das Siegel ist eine spätere Fälschung, und eine schlechte dazu. Größe und Gestaltung entsprechen nicht den Siegeln Konrads III.; auf der Abbildung erkennt man, dass der ursprüngliche Siegelabdruck größer gewesen ist. Ebenfalls unbestritten ist eine Verfälschung in Zeile elf: Hier wurde ein Teil des ursprünglichen Textes entfernt und überschrieben – Schrift und Tinte unterscheiden sich vom Rest des Textes.

Die Beurteilung anderer Besonderheiten ist komplex: Die Wortwahl der Urkunde passt nicht zu dem, was wir von anderen Urkunden Konrads kennen; die Schrift ist für die Mitte des 12. Jhs. zumindest ungewöhnlich. Die derzeit maßgebliche Edition (Monumenta Germaniae Historica) kategorisiert die Urkunde als in Teilen verfälscht und im Kern echt; sie erklärt die ungewöhnlichen Formulierungen damit, dass der Text nicht von einem Schreiber am Hof des Königs, sondern von einem Schreiber aus dem Umfeld des Bischofs von Naumburg stammte. Aktuelle Forschungen gehen von einer Fälschung aus dem frühen 13. Jh. aus.

stand einem Abt. Dies sind die wichtigsten Informationen über die Anfänge des Chemnitzer Klosters.

Die ersten Klosterbauten aus der Mitte des 12. Jhs. waren zunächst aus Holz; der älteste Steinbau war die romanische Klosterkirche, deren früheste Teile aus den 1160er-Jahren stammen. Diese ältesten Baureste finden sich im ehemaligen Chorraum der Kirche. Mittelalterliche Kirchen waren in der Regel mit dem Altar nach Osten ausgerichtet – hin auf das Paradies und den Sonnenaufgang. Der wichtigste Teil jeder Kirche war der Chor rund um den Altar, der das Zentrum der liturgischen Handlungen darstellte. Um so schnell wie möglich in einer Kirche die Messe lesen zu können, baute man Kirchen von Ost nach West, schloss den Chorraum noch im Bauprozess provisorisch gegen den Rest der Baustelle ab und hatte so einen funktionierenden Sakralraum, wenn auch noch keine vollständige Kirche. So müssen wir uns die Situation in Chemnitz um die Mitte des 12. Jhs. vorstellen: Einige Mönche lebten in Holzbauten auf dem Klosterberg, und die erste Klosterkirche entstand. Diese Informationen werden durch spätere Schriftquellen und archäologische Funde bestätigt und behalten ihre Gültigkeit, auch wenn die Urkunde von 1143 eine Ganzfälschung sein sollte.

Gleiches gilt auch für das, was wir zur Stadt Chemnitz erfahren. Die Urkunde spricht von *locus Kameniz dictus*; an keiner Stelle lässt der Text auf eine Stadt oder eine stadtähnliche Siedlung schließen. Ab der Mitte des 12. Jhs. können wir neben dem Kloster eine Ansiedlung von Klosterhörigen annehmen. Diese Hörigen unterstanden der Gerichtsbarkeit des Klosters; diese wurde von einem Vogt als weltlichem Richter umgesetzt. Die Urkunde von 1143 benennt den Markgrafen von Meißen, Konrad (reg. 1123–1156/57) aus dem Haus der Wettiner, in dieser Funktion.

Warum gründete Kaiser Lothar ein Kloster in Chemnitz? Unsere Quelle gibt hierzu keine direkte Antwort – mit Ausnahme des Offensichtlichen: Durch die Gründung eines Klosters wollte er sein und seiner Familie Seelenheil befördern. Neben den religiösen vermutet die Forschung herrschaftspolitische Gründe für die Stiftung: Er wollte das sog. Pleißenland *(terra plisnensis*) für das Königtum erschließen. Die Gründung eines Klosters beförderte die Urbarmachung von Land durch Rodung, die Erschließung von Ackerland und Abgaben für das Königtum. Es ist nicht davon auszugehen, dass es in Chemnitz vor der Klostergründung eine nennenswerte Ansiedlung weltlicher oder geistlicher Natur gegeben hat. Die Benediktinermönche dienten hier als Kolonisatoren und Zivilisatoren im Auftrag des Königs. Dessen Mitteleinsatz zur Gründung des Klosters war dabei überschaubar: Er stattete die Gründungsmönche lediglich mit Rechten und Land aus, das erst urbar gemacht werden musste.

Die Anfänge der Stadt

Die ältesten archäologischen Funde im heutigen Stadtgebiet von Chemnitz datieren auf die Zeit um 1200. Die Entwicklung der Stadt nach der Wende 1989/90 machte ungewöhnliche umfangreiche Ausgrabungen im mittelalterlichen Siedlungskern möglich, so dass wir recht gut über das Alter der ersten Bebauung im heutigen Stadtgebiet informiert sind.

Diese Funde fügen sich harmonisch zu den schriftlichen Zeugnissen. Der erste Hinweis auf die Stadt Chemnitz findet sich in einem Zinsregister des Klosters; auch dieses wird in die Zeit um 1200 datiert.

In dieser Liste, die vielleicht unvollständig ist, sind Orte und ihre Zahlungen an das Kloster aufgeführt, wie z. B. Klaffenbach, Gablenz oder Stelzendorf. Die Abgaben sind in Geldform oder als Naturalabgaben – etwa Hühner – zu leisten und verweisen damit auf eine Übergangsphase in der mittelalterlichen Grundherrschaft von der Natural- zur Geldwirtschaft. Es findet sich auch der Eintrag *de civitate*, auf den 13 Personennamen mit den zu leistenden Abgaben folgen. Dieser Abschnitt bezieht sich auf das, was wir im Laufe des 13. Jhs. als Stadt Chemnitz greifen können. Nicht die Siedlung als Ganzes, sondern nur einzelne Bewohnerinnen und Bewohner waren zu Zahlungen verpflichtet. Dadurch unterschied sich die *civitas* deutlich von den

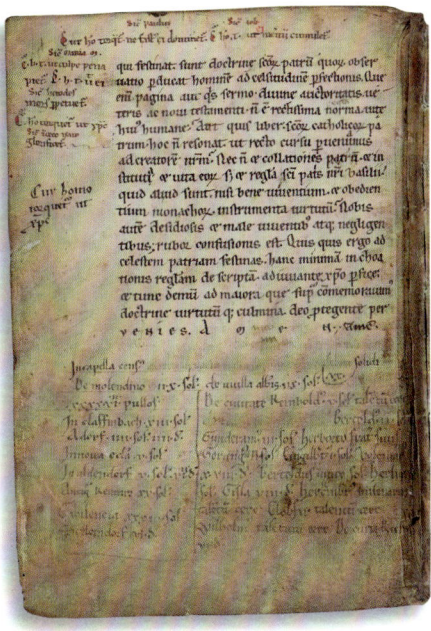

Im Zinsregister des Benediktinerklosters aus dem frühen 13. Jh. wurden Abgaben für das Kloster notiert; hier findet sich erstmals die Bezeichnung ‚civitas' (Stadt) für Chemnitz.

Klosterdörfern, die als Ganzes abhängig waren. Einige der Zahlungen waren in Wachs zu leisten, eine bei kirchlichen Grundherren übliche Abgabenform, die auf die liturgische Bedeutung von Bienenwachskerzen verweist. Die 13 Personen, zwölf Männer und eine Frau, sind die ersten Einwohner und die erste Einwohnerin von Chemnitz, die wir kennen.

Reichsstadt im 13. Jahrhundert

Der erste namentlich bekannte Bürger der Stadt begegnet uns in einer Urkunde aus dem Jahr 1296, der ältesten Königsurkunde im Stadtarchiv. Er hieß ›Godefrid bei der Mauer‹ und stand offenbar in guten Beziehungen zu König Adolf von Nassau (reg. 1292–98), der mit dieser Urkunde Godefrids Schenkung an die Pfarrkirche bestätigte. Damit steht Godefrid beispielhaft für die ganze Stadt, die wir im ausgehenden 13. Jh. als

Reichsstadt greifen, erstmals in einer Urkunde von 1290 oder 1291. Auf Befehl König Rudolfs von Habsburg (reg. 1273–1291) schlossen sich zu dieser Zeit die Städte Altenburg, Chemnitz und Zwickau zu einem Städtebund zusammen, versprachen sich gegenseitig Schutz und gelobten Treue zum Königtum. Die drei Städte bezeichnen sich in der entsprechenden Urkunde als ›zum Reich gehörig‹, was auf ihre Rechtsstellung verweist: Als Reichsstädte unterstanden sie direkt dem jeweiligen König als Stadtherren.

Die Frühphase der Chemnitzer Stadtgeschichte spielte sich zwischen Kloster, Königtum und Markgrafen ab und wird durch eine sehr dünne Quellenlage von wenigen – und mitunter zweifelhaften – Urkunden und archäologischen Funden geprägt. Wir sehen, dass im Kontext eines im Anfang des 12. Jhs. gegründeten Benediktinerklosters eine Siedlung entsteht, welche ab dem 13. Jh. als ›Stadt‹ bezeichnet wird. Diese Siedlung stand nicht in direkter Abhängigkeit vom Kloster und erscheint im Ausgang des 13. Jhs. als Reichsstadt, ohne dass wir diesen Prozess zuverlässig erklären können.

Zwischen Kloster, Königtum und Wettinern

Blicken wir auf die ersten Texte, die uns zur Geschichte der Stadt selbst überliefert sind: Zwischen 1254 und 1294 wurden insgesamt vier Urkunden zum Patronatsrecht über die Chemnitzer Pfarrkirche St. Jakobi ausgestellt. Im ersten Stück überträgt Papst Innozenz IV. das Patronatsrecht dem Kloster. In den 1250er-Jahren muss die Stadt mithin schon eine solche Größe erreicht haben, dass die Patronatsrechte zur Pfarrkirche bedeutungsvoll genug für eine päpstliche Intervention waren.

1264 folgt eine Urkunde der Landgräfin von Thüringen und Pfalzgräfin von Sachsen, Margarete: Sie überträgt dem Kloster zu Chemnitz die Patronatsrechte über die Johanniskirche und die Marktkirche. Wir erhalten hier Einblicke in die Pfarrstruktur der Stadt, die aus mindestens zwei Kirchen bestand. Erstere lag nach der Urkunde ›außerhalb der Mauern‹;

Luftbild von den Ausgrabungen Chemnitzer Rathauspassage (1995). Gut zu erkennen ist links die Stadtmauer mit einem Turm.

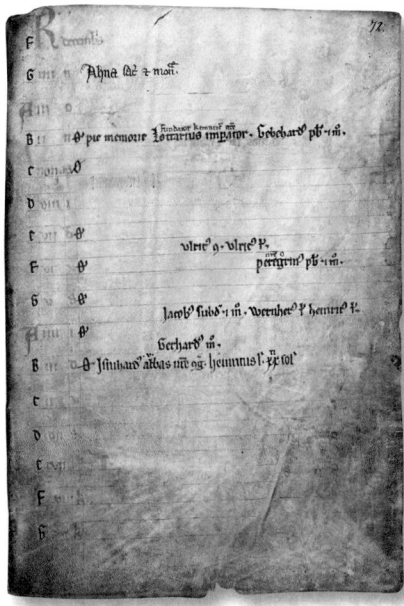

Detail aus dem ältesten Nekrolog des Benediktinerklosters in Chemnitz (13. Jh.). Hier sind die Verstorbenen notiert, für welche die Mönchsgemeinschaft betete, darunter Kaiser Lothar, der in einem späteren Zusatz über der Zeile als Klostergründer bezeichnet wird.

das ist der erste Beleg für eine Stadtmauer. Bei Letzterer handelt es sich um die in der Stadt gelegene Jakobikirche.

Diese Urkunde ist der erste direkte Beleg für die Verbindung der Stadt Chemnitz mit dem Adelsgeschlecht der Wettiner und dem Königshaus der Staufer. Die Wettiner waren seit 1089 im Besitz der Markgrafschaft Meißen, seit der Mitte des 13. Jhs. waren sie auch Landgrafen von Thüringen, seit 1423 Herzöge von Sachsen und Kurfürsten. Von Anfang an waren Kloster und Stadt Chemnitz mit den Herrschaftsinteressen dieser Adelsdynastie konfrontiert; weite Strecken der Stadtgeschichte im Mittelalter wurden von den wettinischen Landesherren bestimmt.

Die Landgräfin verfügte über das Patronatsrecht innerhalb und außerhalb der Stadt, was die Urkunde ausdrücklich betont. Sie agierte hier gleichsam in einer Doppelfunktion. Sie firmierte als Land- und Pfalzgräfin und urkundete im Einvernehmen mit ihrem Ehemann Markgraf Albrecht (1240–1315). Margarete war nicht nur die Gemahlin des Wettiners, sie war auch die Tochter Kaiser Friedrichs II. aus dem Haus der Staufer (Kg. im deutschen Reich 1212–1250, Ks. 1220–1250). Dieser hatte dem Wettiner bei der Hochzeit 1243 als Mitgift das Pleißenland und damit Chemnitz verpfändet und war zeit seines Lebens nicht in der Lage, dieses wieder auszulösen. Margaretes Urkunde ist Ausdruck dieser politischen Konstellation. Auf der einen Seite erkannte Albrecht die Herkunft der wettinischen Rechte über die Stadt an, indem er seiner Frau aus dem Haus der Staufer den Vorrang ließ; auf der anderen Seite urkundete Margarete nicht als Stauferin und Kaisertochter, sondern als Wettinerin und Pfalzgräfin. Mitspracherechte der Stadt sind nicht erkennbar. Wir sehen Chemnitz und seine Pfarrkirche hier im Schnittpunkt königlich-staufischer und markgräflich-wettinischer Interessen.

In diesem Zusammenhang stehen auch die nächsten drei Urkunden zur Stadtgeschichte: 1290/91 bezeugen die Reichsstädte Altenburg, Chemnitz und Zwickau einen Städtebund, den sie auf Geheiß König Rudolfs von Habsburg geschlossen haben. Der Bund der drei wichtigsten Städte des Pleißenlandes war gegen die Wettiner gerichtet; Rudolf war es gelungen, die Pfandschaft seines Vorgängers auszulösen, und er versuchte, das Pleißenland unter seine Kontrolle zu bringen. Sein Nachfolger König Adolf von Nassau ging in die gleiche Richtung. Von ihm stammen die beiden nächsten Urkunden zum Patronatsrecht: 1293 beauftragte er den zuständigen Diözesanbischof von Meißen, das Kloster wieder in den Besitz des Patronatsrechtes zu setzen; 1294 stellte der König in gleicher Angelegenheit eine Urkunde für das Kloster selbst aus. In diesem Stück bezeichnet Adolf Chemnitz als ›unsere Stadt‹, also als Reichsstadt. Hier versucht der König, seine Zugriffsrechte auf die Stadt deutlich zu machen und sich gegen die Wettiner zu positionieren.

Der Rechtsinhalt aller vier Urkunden zum Patronatsrecht ist im Grunde der gleiche: Patronatsherr soll das Kloster, nicht die Stadt sein. Chemnitz erscheint hier nicht als Akteur, sondern als Objekt der Politik. Es ist wohl kein Zufall, dass es genau in der Phase seiner Stadtgeschichte erstmals als Reichsstadt bezeichnet wird, in der die Ansprüche auf das Pleißenland

Die Figur des Roland am Rathaus repräsentierte im Mittelalter den Anspruch auf städtische Freiheit. Aufgestellt in Chemnitz 1910.

zwischen der Krone und den Wettinern umstritten waren. 1296 folgt dann die Urkunde Adolfs von Nassau, die die Schenkung des Bürgers Godefrid und den ersten Aufenthalt eines mittelalterlichen Königs in Chemnitz belegt. Die Bemühungen Adolfs um die Stadt könnten erklären, warum ein König die Schenkung eines Bürgers an seine Pfarrkirche bezeugt.

Auf Adolf folgte 1298 Albrecht I. von Habsburg auf dem Königsthron (Kg. 1298–1308). Er hatte sich gegen seinen Vorgänger erhoben und diesen in der Schlacht bei Göllheim besiegt, in der Adolf gefallen war. Nach diesem Staatsstreich ließ er sich sein Königtum durch eine erneute Wahl der Kurfürsten bestätigen, die er teuer erkaufen musste: König Wenzel von Böhmen erhielt territoriale Zugeständnisse und wurde zum Statthalter des Pleißenlandes erhoben. 1298 gelobten die Bürger von Chemnitz ihm in dieser Funktion Treue.

Anfang des 14. Jhs. schwand der Einfluss des Königtums im Pleißenland und in Chemnitz; 1306 schlossen die drei Städte Altenburg, Zwickau und Chemnitz ein Schutz-Bündnis mit Friedrich von Schönburg, einem der lokalen Adelsgeschlechter, das sich gegen die Wettiner behaupten konnte. Wenig später datiert ein Schreiben der Stadt Zwickau an die Stadt Chemnitz mit der Bitte um Rat, wie beim Einfall des Markgrafen Friedrich verfahren werden solle. Im Mai 1307 hatten wettinische Truppen bei Lucka in der Nähe von Leipzig die Streitkräfte König Albrechts I. besiegt und so die Auseinandersetzungen um das Pleißenland zugunsten der Markgrafen entschieden. Folgerichtig nahm Friedrich Chemnitz 1308 auf Bitten der Bürger, die die politische Situation erkannt hatten, in seinen Schutz. 1324 verpfändete König Ludwig IV., der Bayer (Kg. 1314–1347), das Pleißenland mit den drei Städten an Friedrich; diese Pfandschaft, die von den Königen nicht ausgelöst werden konnte, bildete die juristische Grundlage für die dauerhafte Unterordnung der Stadt unter die Herrschaft der Markgrafen von Meißen. Chemnitz war ab diesem Zeitpunkt eine wettinische Landstadt.

Chemnitz im 14. und 15. Jahrhundert

Landstadt der Wettiner

Was bedeutete es für Chemnitz, eine Landstadt der Wettiner zu sein? Helmut Bräuer spricht von der Bürgerschaft, »deren partielle Autonomie sich im wettinischen Rahmen bewegen konnte« (Bräuer, 2005, S. 21). Dies umschreibt treffend das Nebeneinander verschiedener Akteure: Wir sehen die Bürger von Chemnitz, die Teile ihrer Geschicke eigenständig regeln, unter und neben den Markgrafen von Meißen aus dem Haus der Wettiner, die immer wieder in die Regierung der Stadt eingreifen. Sie sind die Herren des umgebenden Landes und zugleich die Stadtherren. Sie waren die höchste und letzte rechtssetzende Instanz für alle innerstädtischen Belange und die Beziehungen der Stadt zu ihrem Umland. Das Verhältnis der Stadt zu ihrem Herrn wurde in Huldigungszeremonien und den Anreden in städtischen Schreiben symbolträchtig sichtbar gemacht. Die Stadt adressiert die Markgrafen durchweg als »unser herren« oder »unser gnedigen herren«.

Die Stadt war ein Teil des Herrschaftsraumes der Wettiner und somit von deren politischen Ambitionen betroffen. Wir sehen die Stadt hier als Befehlsempfängerin, die ihr Schicksal nicht eigenständig bestimmen konnte. Dies wird etwa bei den Landesteilungen deutlich, in denen sie ganz selbstverständlich zur Verfügungsmasse gehörte. So fiel Chemnitz bei der Teilung von 1410 an Friedrich IV. und seinen Bruder Wilhelm II., denen die Stadt daraufhin in einer Urkunde vom 6. September die Erbhuldigung gelobte. Immer wieder finden sich auch Hinweise auf die militärische Bedeutung der Stadt für die Landesherren: 1473 befahlen Kurfürst Ernst und Herzog Albrecht der Stadt wegen drohender Kriegsgefahr ein Kontingent auszurüsten: 200 Fußknechte, zwölf Reiswagen (Packwagen) und eine Karrenbüchse mit Büchsenmeister sollten sich innerhalb von zehn Tagen bei den Hauptleuten melden.

HINTERGRUND

CHEMNITZER URKUNDENBUCH
Woher beziehen wir unser Wissen über die Geschichte von Kloster und Stadt im Mittelalter? Der Großteil aller Informationen entstammt den mittelalterlichen Urkunden, die Hubert Ermisch 1879 im Urkundenbuch der Stadt Chemnitz und ihrer Klöster herausgegeben hat. Ermisch war am Hauptstaatsarchiv und als Leiter der Sächsischen Landesbibliothek in Dresden tätig. Er war Herausgeber der Zeitschrift *Neues Archiv für sächsische Geschichte* und hat zahlreiche Arbeiten zur sächsischen Landes- und zur Chemnitzer Stadt- und Klostergeschichte vorgelegt. Seine Edition ist für die Stadtgeschichte unverzichtbar, auch wenn sie nicht in allen Details dem Stand der heutigen Forschung entspricht. Dieses Buch ist auch online einsehbar unter http: //codex.isgv. de/ codex.php?band=cds2_06.

Die Beziehungen der Stadtherren zu ihrer Stadt lassen sich sehr gut ökonomisch erklären. Dies liegt auch an der Quellenlage: Steuern und Abgaben verursachten Schriftlichkeit, die uns heute (teilweise) überliefert ist. Die Wettiner verlangten von der Stadt eine jährliche Abgabe, die sogenannte Jahrbete, und Anteile an in der Stadt erhobenen Zöllen.

Interessant ist etwa die Urkunde des Markgrafen Friedrich III., des Strengen, von 1351. Sie stellt einen der frühesten Hinweise auf die finanziellen Interessen der Stadtherren dar. Der Markgraf verfügt, dass ein Hans von Lidlo von der Stadt Chemnitz 50 Schock Groschen über einen Zeitraum von zwei Jahren erhalten solle. Der Markgraf nutzt hier die Jahrbete der Stadt, um einer finanziellen Verpflichtung nachzukommen. Aus den Zahlungsmodalitäten ergibt sich, dass er dabei durchaus Rücksicht auf städtische Belange nahm: Im Fall eines merklichen Schadens durch Feuer konnte die Stadt die Zahlung aufschieben, bis der Schaden behoben war. Auch wurde der Zahlung an Hans von Lidlo Vorrang vor denen an den Markgrafen eingeräumt. Die Stadt konnte nur Abgaben generieren, wenn sie eine funktionierende Wirtschaftseinheit darstellte. Es lag mithin nicht im Interesse der Wettiner, Chemnitz über Gebühr zu belasten und gleichsam auszubluten.

Das Große Stadtsiegel von 1367.

1445 wurde eine Landesteilung vorbereitet, welche die Ansprüche der wettinischen Brüder Friedrich II. und Wilhelm III. regeln sollte. Die Altenburger Teilung wurde nicht akzeptiert, und erst nach dem Sächsischen Brüderkrieg (1446–1451) kam es zu einer Einigung. Uns liefert die Vorbereitung auf die Teilung Einblicke in die finanziellen Beziehungen zwischen Stadt und Kurfürstentum. Die Stadt teilt ihrem ›hochgeborenen Fürsten, gnädigen, lieben Herrn‹ mit, welche Abgaben sie schuldet: eine Jahrrente von 100 Schock Groschen, je 50 zum Michaelis- (29.9.) und zum Walpurgis-Tag (1.5.), dazu vormals 71 Schock aus dem Zoll (Urbar) und dem Gericht. Hinzu kommen Abgaben von der Bleiche und dem Geleit; beides sind zu diesem Zeitpunkt keine im engeren Sinne städtischen Abgaben, sondern in der Stadt erwirtschaftete Zahlungen an die Wettiner. Neben diesen Geld-Abgaben wird auch eine Naturalleistung aufgeführt: *uff fleißbencken czinß alle iar, das leufft uff xvii steyn unsletes*. Die Metzger der Stadt mussten also den sog. Unschlittzins zahlen; Unschlitt oder Talg wurde aus den Tierfetten hergestellt, die nicht verzehrt, sondern etwa zur Kerzenproduktion verwendet wurden (Unschlittkerzen).

Das finanzielle Interesse der Stadt- und Landesherren erschöpfte sich nicht nur im Abschöpfen von Profit; die Wettiner betrieben auch etwas, das man mit Stephan Pfalzer als »Wirtschaftsförderung« bezeichnen kann (Pfalzer 2012, S. 156). Ein erstes Beispiel für diese Maßnahmen ist das sog. Bannmeilenprivileg. Markgraf Friedrich garantierte der Stadt, dass innerhalb einer Meile keine Schenken betrieben und Handwerker Dienstleistungen anbieten durften – genannt werden Schuster und Flickschneider. Diese Maßnahme sollte die städtischen Handwerker und Brauer vor Konkurrenz aus den zum Benediktinerkloster gehörenden Dörfern bewahren. Weiterhin garantierte der Markgraf denjenigen, die neu in der Stadt siedeln wollen, bestimmte Rechte. Die Stadt war nach einem Brand zerstört und ›entvölkert‹; daher versuchte der Stadtherr, die Ansiedlung neuer Bürger zu befördern.

1398 erteilte Markgraf Wilhelm dem Benediktinerkloster und zwei Laien – einer davon ein Chemnitzer Bürger – ein Privileg für die unterhalb des Klosters im Bau befindliche Papiermühle. Der Landesherr verfügte, dass in seinem Land zum Schaden der Chemnitzer keine andere Papiermühle errichtet werden solle – bis zu deren Fertigstellung. Die Chemnitzer Papiermühle stellt damit einen der frühesten Belege für diese Fertigungstechnik im römisch-deutschen Reich dar; die aus dem arabischen Raum importierte Technik etablierte sich im 13. Jh. in Italien und gelangte im 14. Jh. auch nördlich der Alpen zum Einsatz. Die erste ›deutsche‹ Papiermühle ist in Nürnberg für das Jahr 1390 belegt. In den Mühlen wurden mit Wasserkraft Lumpen zu Brei zerstampft, aus dem dann die Blätter geschöpft werden konnten. Das Stampfwerk basierte auf dem Prinzip von Nockenwelle und Kurbel, wie sie auch für Sägen oder Pumpen zum Einsatz kamen – eine der gewerblich genutzten Innovationen des Mittelalters. Papiermühlen befanden sich wegen des Lärmes, den sie verursachten, oftmals außerhalb der Stadt – so auch in Chemnitz. Es steht zu vermuten, dass die dortige Mühle im Zusammenhang mit der lokalen Textilproduktion entstanden ist, deren Abfallprodukte die Materialgrundlage der Papierherstellung bildeten.

Dies bringt uns zu einer weiteren Wirtschaftsförderungsmaßnahme und dem Produktionszweig, der für die Stadtgeschichte große Bedeutung erlangen sollte: das Bleichprivileg von 1357 und die Leinenweberei. Das Privileg steht am Anfang einer sehr langfristigen Entwicklung, an deren Ende die Chemnitzer Textil- und Maschinenbauindustrie und letztlich auch die Technische Universität stehen. Dabei bezog es sich – ähnlich wie das für die Papiermühle – gar nicht auf die Stadt. Die Markgrafen Friedrich und Balthasar privilegierten nicht Chemnitz als Standort einer Bleiche, sondern gestatteten vier Männern, eine solche zu errichten, ohne deren Standort zu bestimmen. Zwei von ihnen sind als Gläubiger der Landesherren bezeugt. Am Anfang der Bleiche standen mithin die finanziellen Interessen der Landesherren, die ihre Gläubiger entlohnen und sich Einnahmen sichern wollten. Von jedem gebleichten Stück Leinwand war ihnen eine Abgabe von zwei Groschen zu entrichten. Um die Profitabilität zu erhöhen, erließen die Markgrafen darüber hinaus ein Bleichmonopol: Kein Garn, Leinwand, Barchent oder Flachszwirn sollte außer Landes gebracht werden, ohne in der Bleiche veredelt worden zu sein.

Die Wettiner brachten nicht nur ihre landesherrlichen Rechte in die Bleiche ein, sie investierten auch Kapital. 1358 bestätigten sie der Stadt Chemnitz, dass die Jahrbete um 15 Schock Groschen gemindert und dafür eine städtische Wiese der landesherrlichen Bleiche überlassen werden solle.

Im ausgehenden 15. Jh. wurden die Auseinandersetzungen um das Bleichmonopol immer intensiver und gleichzeitig mehrten sich die Klagen über die Chemnitzer Bleiche. 1478 verkauften die Eigentümer sie an den Rat der Stadt Chemnitz; die Landesherren bestanden auf den etablierten Abgabemodalitäten und behielten sich ein Rückkaufrecht vor. Auch hierin zeigt sich die Haltung der Landesherren zur Bleiche: Minimierung des eigenen Risikos, Einsatz landesherrlicher Rechte und Abschöpfen von Abgaben.

Die Ansiedlung der Bleiche in Chemnitz begünstigte zunächst die Leinenweberei. Gebleicht wurde v. a. aus Flachsgarn gewebte Leinwand, so dass die Bleiche diesen Zweig der Tuchproduktion im 14. und frühen 15. Jh. wachsen ließ. 1456 greifen wir erstmals eine Zunft der Leinenweber in Chemnitz, 1494 zählte diese schon 66 Meister.

DAS BLEICHEN IM MITTELALTERLICHEN CHEMNITZ
Gebleicht wurden Leinwand und Barchent – ein Gemisch aus Leinen und Baumwolle –, indem sie in Wasser eingeweicht, gewalkt und dann auf der Bleichwiese in der Sonne ausgelegt wurden. Das Bleichen begann im Frühling nach der Schneeschmelze und dauerte bis zum ersten Schnee im Winter. Die Lichtenergie der Sonne verwandelte Wasser zum Teil in Wasserstoffperoxyd, welches das Gewebe aufhellte. Anschließend an das Auslegen auf der Bleichwiese wurde das Tuch mit Lauge – etwa aus Buchenasche – behandelt. Das Bleichen diente der Aufhellung und damit Veredlung der Leinwand. Die Bleiche umfasste Bleichwiesen, Laugenhütten, Gräben und Wehre zur Wasserversorgung und für den Antrieb der Walkmühlen. Ihr Personal bestand aus einem Bleichmeister, der den Bleichprozess beaufsichtigte, Bleich- und Pferdeknechten, einem Schreiber für die Administration und einem Baumeister, der die Gebäude in Schuss halten sollte. Hinzu kam ein Bleichrichter, der für Rechtsstreitigkeiten rund um die Bleiche verantwortlich war. Bleichen war ein kompliziertes und aufwändiges Geschäft.
Termindruck entstand dabei nicht nur durch das Wetter, sondern auch durch die Markttermine des Handels. Eine Bleichordnung von 1451 legte drei Fertigstellungstermine für Jahrmärkte in Chemnitz, Leipzig und Nürnberg fest. Das in Chemnitz gebleichte Tuch wurde lokal und regional vertrieben.

So wie andere Stadt- und Landesherren im Spätmittelalter wirkten auch die Wettiner immer wieder rechtsgebend in der Stadt – und zwar in ganz unterschiedlichen Angelegenheiten, die uns schlaglichtartige Einblicke in das städtische Leben gewähren, ohne dass sich ein geschlossenes Bild ergäbe.

Markgraf Wilhelm bestätigte zum Beispiel 1402 die althergebrachten Rechte der Chemnitzer Fleischer, nach denen kein Auswärtiger *rampanien adder gesneyte* auf dem städtischen Markt verkaufen durfte. Hierbei geht es um den Verkauf von Eingeweiden und Fleischabfällen; dieser sollte nicht grundsätzlich untersagt werden, sondern den einheimischen Fleischern vorbehalten sein.

Das Bleichprivileg von 1357.

Die Landesherren griffen nicht nur in Einzelfällen in die Rechtsordnung ihrer Städte ein, sie bestimmten auch die Stadtverfassung grundlegend mit. Will man die Geschichte des Chemnitzer Rates im Mittelalter erzählen, ergeben sich methodische Schwierigkeiten: Einzelne Schriftstücke geben uns nur Hinweise auf die Arbeit oder die Zusammensetzung des Rates zu einem bestimmten Zeitpunkt; Entwicklungen und Veränderungen zwischen diesen Hinweisen können wir aber nicht genau ermitteln. Darüber hinaus wollen wir aus Dokumenten, welche für die Regelung eines spezifischen Verwaltungs- oder Rechtsvorgangs ausgestellt wurden, auf Strukturen schließen. Hier ist Vorsicht geboten, wenn man die Zeugnisse im Wunsch nach einer möglichst lückenlosen Entwicklung und detailgenauen Beschreibung nicht überfrachten will.

Stadtrat und Bürgermeister sind für Chemnitz erstmals in einer Urkunde von 1298 belegt. Wir wissen nicht, wie sich dieser Rat zusammensetzte, wie genau er bestimmt wurde und wie er entstanden ist. 1352 werden neben dem Ratsmeister elf ›eingeschworene Bürger‹ aufgelistet; hier haben wir wohl einen zwölfköpfigen Rat vor uns, der einen Amtseid zu leisten hatte.

In Chemnitz kam es im Laufe des 14. und frühen 15. Jhs. wie in vielen deutschen Städten zu innerstädtischen Unruhen und Auseinandersetzungen über Ratsverfassung und Stadtregierung. Für den Historiker bringt dies den Vorteil mit sich, dass aus Streit oftmals schriftliche Aufzeichnungen resultieren – so etwa ein Schiedsspruch des Markgrafen Friedrich von ca. 1414: Er verbot alle Handwerker-Innungen in Chemnitz und regelte die Militärorganisation der Stadt. Die Räte sollten sie in vier Viertel einteilen, die je unter einem Banner zum Wohl der Stadt oder des Landesherrn agieren sollten. Zur Ratsverfassung legte der Stadtherr Folgendes fest: Es sollte drei Bürgermeister und drei Räte geben. Jeder Rat mit seinem Bürgermeister sollte für ein Jahr amtieren, so dass jeder Rat alle drei Jahre im Amt war. Die Gemeinde sollte vier Mitglieder in den Rat entsenden und aus jedem Rat jeweils zwei Ratsmänner auch im nachfolgenden sitzen, um Kontinuität zu gewährleisten.

Hier erfahren wir Etliches über die Ratsverfassung, ohne genau zu wissen, wie und wann dieser Beschluss genau umgesetzt wurde. Grundlegend ist der Gegensatz zwischen Rat und Gemeinde: Eine Gruppe von einflussreichen und vermögenden Familien besetzte den Stadtrat und bestimmte die Geschicke der Stadt; dem stand die vom Rat ausgeschlossene ›Gemeinde‹ gegenüber. Wir dürfen die Verhältnisse im mittelalterlichen Chemnitz nicht mit modernen demokratischen Strukturen verwechseln, auch wenn die Kontinuität der Begriffe wie ›Bürgermeister‹ oder ›Stadtrat‹ dies nahelegt.

Dem Stadtrat oblag die gesamte Verwaltung der Stadt: Er erhob die Abgaben, erließ Gesetzte und sorgte für deren Umsetzung. Die Bandbreite der Regelungen war groß und erfasste alle Teile des städtischen Alltags. 1352 erließ der Rat etwa eine Feuer- und Bauordnung. In den überwiegend aus Holz gebauten, mit Feuer beheizten und erleuchteten Städten des Mittelalters waren Stadtbrände ein allgegenwärtiges Problem. Wie bereits gesehen, hatte 1333 ein Brand Zerstörungen in der Stadt angerichtet, weitere Stadtbrände im 14. Jh. sind für 1379 und 1389 belegt. In der Ordnung von 1352 wird unter anderem geregelt: Derjenige soll Strafe zahlen, der sein Feuer nicht ordentlich bewacht, so dass es ›auskommt‹. Strafe muss auch zahlen, wer ein von ihm verschuldetes Feuer nicht ›beschreit‹, also durch lautes Ausrufen meldet. Beim Läuten der Feuerglocke musste aus jedem Haus in der Stadt ein Mann zur Brandstelle eilen und sich an den Löscharbeiten mit ›Schaufel, Axt oder Feuerhaken‹ beteiligen. Die Brandbekämpfung zielte in erster Linie darauf ab, das Übergreifen des Feuers zu verhindern: Ein oder zwei in Windrichtung stehende Nachbarhäuser sollten eingerissen werden.

Neben dem Rat gab es als wichtiges städtisches Organ das Schöffenkolleg, welches ab 1381 belegt ist und für die Rechtsprechung zuständig war. 1412 legten Rat und Schöffen gemeinsam eine Gebührenordnung für die ›Vorsprecher‹ fest, die als Vertreter vor Gericht das Anliegen der Angeklagten in richtiger Form vortrugen. Aus den Gebühren können wir ersehen, welche Straftaten vor dem Schöffengericht verhandelt wurden: z. B. Scheltworte, Bloßstellungen, offene Wunden und Totschlag. Die Gerichtsrechte in der Stadt Chemnitz gingen zu dieser Zeit vom Stadt- und Landesherrn aus. 1423 verkaufte Kurfürst Friedrich seine Gerichtsrechte in Chemnitz an die Stadt. Entscheidend hierbei ist, dass die Gerichtsrechte auch finanziell lukrativ waren, was die Verkaufsurkunde explizit vermerkt. Bußzahlungen, Renten und Zinsen, die mit dem Gericht verbunden waren, gingen auf die Stadt über. Diese konnte sich hier also nicht nur ein Stück Freiheit vom landesherrlichen Einfluss erkaufen, sondern auch eine stete Einnahmequelle sichern.

Die Grundlage aller politischen Teilhabe bildete in Chemnitz wie in jeder anderen mittelalterlichen Stadt das Bürgerrecht. Nicht jeder Einwohner der Stadt war auch Bürger, diese Stellung war vielmehr an bestimmte Voraussetzungen gebunden. Aus dem 15. Jh. ist ein Bürgereid überliefert: ›Ich schwöre Gott, meinem gnädigen Herren, dem Herzog, dem Rat und dazu der Stadt und der ganzen Gemeinde treu und dienstbereit zu sein. Und wenn ich von etwas erfahre, das meinem gnädigen Herren, dem Rat und der ganzen Gemeinde Schaden brächte, das will ich melden und davon nicht ablassen weder um Liebe noch um Leid noch um keinerlei anderer Sache willen, so wahr mir Gott helfe und die Heiligen.‹

BIER UND BIERKRAWALLE

Bier war im Mittelalter eines der wichtigsten Nahrungsmittel; wegen seiner Haltbarkeit und Reinheit wurde es oftmals dem Wasser vorgezogen. Dabei ging es in erster Linie nicht um den Rausch: Der Alkoholgehalt war deutlich niedriger als heute.

Zur Herstellung werden die Getreidekörner in Wasser eingeweicht, bis sie zu einer dick breiigen Masse aufquellen. Während des Quellens setzt ein chemischer Prozess ein, bei dem Zucker entsteht. Dieser Brei wird danach durch Trocknung und häufiges Umschaufeln zum Keimen gebracht. Hat das Getreide genug gekeimt und ist es abgetrocknet, entsteht Malz mit einem starken süßen Geruch und Geschmack. Durch das nachfolgende Aufkochen der Masse mit Wasser, das Suden, wird das Getränk keimfrei. Das Erhitzen in Braupfannen setzt den chemischen Prozess wieder in Gang, durch den im Gärungsprozess Alkohol entsteht. Unter Hinzufügung pflanzlicher Bitterstoffe sollte die Haltbarkeit des Bieres verlängert werden.

Bier war wegen seiner Verbreitung auch ein Wirtschaftsfaktor. Das zeigte sich etwa 1401, als das Kloster Chemnitz das verpfändete Dorf Rotluff allein aus dem Gewinn genehmigter Schänken auslösen konnte. Zwischen Stadt und Kloster kam es immer wieder zu Auseinandersetzungen um die Brau- und Schankrechte.

In Chemnitz sollten landesherrliche Privilegien die städtischen Brauer vor der Konkurrenz der Klosterdörfer schützen. Ein- und Ausfuhr sowie der Verzehr von Bier brachte der Stadtkasse Einnahmen aus Zoll und Steuern. Das Brauen für den Eigenbedarf war von diesen Verboten ausgenommen, Kleriker genossen hier Sonderrechte (Tischtrunk). Mehrfach ersuchten die Stadträte die sächsischen Kurfürsten, ihre Widersacher zur Einhaltung der Bannmeile aufzufordern, denn die Übertretung des Braupriveligs und die heimliche Einfuhr von Fremdbieren schadeten nicht nur der Stadt- und Landeskasse: Wenn Braubürger ihre Vorräte nicht rechtzeitig ausschenken oder verkaufen konnten, drohte das Bier schlecht zu werden, was einen erheblichen finanziellen Verlust darstellte.

Menge und Reihenfolge der in Chemnitz zu brauenden Biere wurde durch den Stadtrat bereits seit dem Jahr 1412 geregelt. Das Erstbraurecht hatte der Bürgermeister, ihm folgten die Amtmänner. Die restlichen brauberechtigten Bürger brauten – entweder im »Reihenschank«, nach dem Standort ihrer Häuser, oder dem »Losschank«.

Ab 1509 kam es fast alljährlich zu den sog. Bierkriegen oder Bierausfällen, bei denen die Chemnitzer auf der Suche nach Fremdbier durch die umliegenden Dörfer zogen. Dabei tranken sie nicht nur Fremdbier, sondern demolierten auch Brau-Inventar; es gab immer wieder Verletzte.

Carola Meyer

Wahrscheinlich Anfang des 15. Jhs. legte der Rat fest, dass nur derjenige das Bürgerrecht erhalten solle, der nach Chemnitz zieht und dort wohnt. Das Stadtrecht erscheint hier als Privileg, das man nicht ohne Investition in die Stadt erwirken kann. Stadtbürger hatten mit dem Geschoss eine Vermögensabgabe zu entrichten; folglich konnte nur Bürger sein, wer Vermögen hatte. Der Rat von Chemnitz hielt das Bürgerrecht einem aus der Stadt Abwesenden ein Jahr zugute; danach erlosch es und musste erneut erworben werden. Dies war wörtlich zu verstehen: Aus einer Ratswillkür von 1421 wissen wir, dass derjenige kein ›Geld geben sollte für das Bürgerrecht‹, der eines Mitbürgers Tochter zur Frau nahm. Bei Einheirat war nur eine Einschreibegebühr zu entrichten, um in die Bürgerliste aufgenommen zu werden. Das Bürgerrecht musste normalerweise bezahlt werden.

Stadt und Kloster: Wirtschaft, St. Jakobi, Gerichtsrechte

Aufgrund der räumlichen Nähe standen Stadt und Kloster stets in vielfältigen, engen Beziehungen zueinander, die sich auf wirtschaftliche, kirchen- und gerichtsrechtliche Aspekte bezogen. In einer Urkunde aus dem Jahr 1491 wurden z. B. diverse Streitfälle zwischen Kloster und Stadt geregelt; hier findet sich auch ein Abschnitt zum ›Graben an der alten Bleiche‹, die sich zwischen Kloster und Stadt befand. Beiden Parteien sollte genau die Hälfte des Grabens zustehen, so dass jeder ›bis in die

Mitte des Grabens‹ Gras und Holz nutzen durfte. Sollte die Bleiche, die zu diesem Zeitpunkt der Stadt gehörte, wieder bessere Zeiten erleben, stand der Graben freilich allein der Stadt zu. Hier sehen wir, wie kleinteilig und detailliert die wirtschaftlichen Belange von Kloster und Stadt auseinandergehalten wurden, aber auch wie verwoben beide Wirtschaftseinheiten waren. Gleichzeitig entsteht der Eindruck, dass man nicht immer den großen Profit im Blick hatte: Wie viel Gras mag im halben Graben gewachsen sein?

Zwei Streitpunkte zogen sich durch die wirtschaftlichen Auseinandersetzungen, die beide mit der städtischen Bannmeile verbunden waren. Die Bannmeile sollte die städtischen Handwerker schützen und die Ökonomie der Stadt festigen. Im ganzen 14. und 15. Jh. kam es in dieser Sache immer wieder zu Streitigkeiten. Da die Stadt von Klosterdörfern umgeben war, stellten deren Handwerker eine veritable Konkurrenz dar. Die Landesherren standen in dieser Frage tendenziell auf Seiten der Stadt, um ihre Einnahmen zu schützen.

An der Bannmeile orientierte sich auch das Brau- und Schankprivileg der Stadt. Innerhalb dieses Bereiches durften nur Chemnitzer brauen und sollte nur deren Bier ausgeschenkt werden. Auch hierzu kam es immer wieder zu Streitigkeiten.

1402 schlossen Stadt und Kloster einen Kaufvertrag über Flurstücke der Klosterdörfer Gablenz, Bernsdorf, Kappel, Borssendorf und Streitdorf für 45 Schock Groschen. Die Stadt erweiterte dadurch ihre Fläche beträchtlich und dehnte sich auf Kosten des Klosters aus. Grundlage hierfür waren das wirtschaftliche Aufblühen der Stadt und die Geldnot des Klosters. Dieser Kauf legte freilich auch den Grund für neue Zwistigkeiten über die Abgaben und Dienste, die dem Kloster von diesen Grundstücken, die ja Teil seiner Grundherrschaft waren, zustanden. 1428 kam es auch hierrüber zu einem Vergleich, in dem die Dienstpflichten der Bürger auf diesen Flurstücken durch Geldzahlungen abgelöst wurden. Darüber hinaus wurden Regelungen um eine Fülle von wirtschaftlich nutzbaren Gütern getroffen: Fischerei, Holzschlag, Steinbrechen, Wiesennutzung. Aber auch ganz alltägliche Grenzstrei-

CHEMNITZER BRAUEREIGESCHICHTE

Die seit Ende der 1990er-Jahre erneut florierende Braukunst in Chemnitz hat sich über Jahrhunderte hinweg entwickelt und spezialisiert. Ihre Geschichte beginnt im 12. Jh. Da Wein damals zu teuer und zumeist dem Adel vorbehalten war, machten sich Klöster die Braukunst zu eigen – so auch das Benediktinerkloster auf dem heutigen Schlossberg. Schritt für Schritt verfeinerten die Mönche einzelne Biersorten.

Im 13. Jh. blühte das städtische Brauwesen auf – immer neue Brauereien wurden begründet, gleichzeitig wurden Beschränkungen eingeführt, die den Ausschank und die Braugenehmigung in Grenzen halten sollten. Es entstanden »Brauerben«, das waren brauberechtigte Bürger mit eigenem Grundstück. Daneben regelte eine neue Brauordnung die Modalitäten der Herstellung. Wer in der Stadt brauen und ausschenken durfte, wurde per Losverfahren ermittelt.

Mit steigender Einwohnerzahl wuchs auch der Bierkonsum, Anfang des 15. Jhs. wurde aus dem Nebengewerbe ein Hauptberuf. In dieser Zeit führte das städtische Meilenrecht zu zahlreichen Konflikten. Es sorgte dafür, dass innerhalb eines Bannkreises, der als Biermeile bezeichnet wurde, nur einheimisches Bier ausgeschenkt werden durfte. Die daraus resultierenden Auseinandersetzungen wurden »Bierkriege« genannt. Ziel der Regelung war der Schutz Chemnitzer Brauereien vor unliebsamer Konkurrenz. Erst 1838 wurde der »Bierzwang« aufgehoben, in der Folgezeit expandierte das Handwerk zur Brauindustrie.

Nach dem Zweiten Weltkrieg erfolgte die Umwandlung aller Chemnitzer Brauereien in Volkseigene Betriebe (VEB), im Verlauf der deutschen Vereinigung gelang nur wenigen von ihnen der erfolgreiche Sprung in die neue Marktwirtschaft – allen voran den heutigen lokalen Branchenführern: das *Einsiedler Brauhaus* (bestehend seit 1885), die *Reichenbrander Brauerei* (seit 1874) und *Braustolz* (1889–2017). Die Anfänge des Bierbrauens in der Stadt kann man noch heute am historischen »Kaßberg-Gewölbe« nachvollziehen, da die dortige Stollenanlage als Bierkeller benutzt wurde.

Marc-André Lange

tigkeiten zwischen Nachbarn kamen zur Sprache: Die Grenzsteine (Lochsteine) waren versetzt worden.

Im Zentrum des geistigen Lebens und der bürgerlichen Frömmigkeit stand die Jakobikirche. Dieses Patrozinium ist erstmals 1365 belegt, vorher wurde sie als Marktkirche nach ihrer Lage am Hauptmarkt der Stadt bezeichnet. In der Jakobikirche wurden bis zur Reformation 13 Nebenaltäre gestiftet – Ausdruck von Frömmigkeit, eines zunehmenden Wohlstandes und bürgerlichen Repräsentationswillens. An diesen Altären lasen sog. Altaristen im Auftrag der Stifter spezielle Messen für deren Seelenheil, die täglich gehalten wurden, was auf den finanziellen Aufwand der Stiftungen verweist und ihre hohe Sichtbarkeit im Gemeindealltag der Stadt erklärt. Grundlage einer Stiftung war in der Regel eine kontinuierliche Einnahmequelle, wie etwa Anteile an der Bleiche oder am Zoll.

Die Existenz von Nebenaltären machte Regelungen für den geordneten Ablauf in der Kirche notwendig, damit nicht zu viele Messen gleichzeitig abgehalten wurden. Für 1375 liegt eine solche Regelung für Chemnitz vor; der Abt des Benediktinerklosters bestätigte die Stiftung von fünf Nebenaltären und regelt die Messzeiten. Der Abt war hier als Patronatsherr der Jakobikirche und als Archidiakon zuständig. In dieser Funktion vertrat er seit Anfang des 14. Jhs. den Bischof von Meißen in der Diözesanverwaltung und war somit auch für kirchliche Belange in der Stadt Chemnitz verantwortlich.

Abt und Stadt standen im Kontext des Patronatsrechts für die Jakobikirche oft im Konflikt miteinander. Ein Streitpunkt war, dass der Abt einen Mönch seines Klosters und keinen Laienkleriker zum Stadtpfarrer machen wollte – 1430 versprach er, dies nicht mehr zu tun. Die Tatsache, dass der Stadtpfarrer nicht von der Bürgerschaft, sondern dem Kloster bestimmt wurde, mag ein Grund für Spannungen zwischen Pfarrer und Gemeinde gewesen sein. Freilich ist Vergleichbares auch aus anderen Städten überliefert. 1399 regelte eine Schiedskommission die Rechte und Pflichten des Stadtpfarrers. Hier sind die Abläufe kirchlicher Zeremonien ebenso festgeschrieben wie das Verhältnis des Pfarrers zum hier erstmals erwähnten Schulmeister. Besonders interessant sind die Regelungen zum Wein- und Bierausschank.

Das Judith-Lucretia-Portal wurde um 1559 vom Chemnitzer Ratsherrn Merten Groß in Auftrag gegeben. Es befand sich an verschiedenen Bürgerhäusern, bevor es 1910 an die Fassade des Rathauses versetzt wurde. Heute wird es auch als ‚Hochzeitsportal' bezeichnet.

Traditionell unterlagen Kleriker nicht dem Bierbann und genossen den sog. freien Tischtrunk, also das Recht auf freie Bierproduktion und freien -ankauf für den eigenen Bedarf. Dies stellte eine Schwächung des städtischen Biermonopols dar und wurde besonders dann zum Problem, wenn die Kleriker über den Eigenbedarf hinaus Bier ausschenkten.

Besonders deutlich werden die historisch gewachsenen Beziehungen zwischen Benediktinerkloster und Stadt im Bereich der Gerichtsrechte: Wer durfte wo über wen auf Grund welcher Kompetenz in welchen Fällen urteilen? Diese Fragen sind nur sehr bedingt zu beantworten, die Quellen ergeben hier kein geschlossenes Bild. Und das sollten wir auch nicht in allen Fällen erwarten. Gerichtsrechte waren finanziell und herrschaftlich äußerst begehrt, oftmals waren hier eher Macht- als Rechtsverhältnisse ausschlaggebend: Nicht jeder Rechtsanspruch, der erhoben wurde und umgesetzt werden konnte, musste eine althergebrachte Wurzel haben. Rechte konnten usurpiert, verloren, verkauft und verpfändet werden – und dies auch mehrfach und konkurrierend.

Wie so oft in der Chemnitzer Stadtgeschichte liefern uns die Quellen einzelne Schlaglichter. So etwa eine Vereinbarung aus dem Jahr 1331 zwischen Abt Ulrich, Heinrich von Waldenburg und den Bürgern der Stadt. Die Waldenburger waren eine Adelsfamilie, deren Stammsitz Waldenburg knapp 30 Kilometer nordwestlich von Chemnitz lag. Sie hielten auch die Burg Rabenstein bei Chemnitz und mit dieser diverse Gerichtsrechte über die Stadt und das Klosterland, wie wir aus einem Vertrag von 1375 wissen. Die Herkunft dieser Rechte ist unklar; vielleicht hängen sie mit der Klostervogtei zusammen, mit Sicherheit belegen lässt sich das aber nicht. 1331 war Chemnitz schon an die Wettiner verpfändet; die Interessen der Landesherren konnten Stadt und Kloster nicht vollständig außer Acht lassen.

Die Regelung von 1331 führt uns vor Augen, wie eng Klosterland und Stadt in rechtlichen Dingen miteinander verwoben waren. Heinrich von Waldenburg und Abt Ulrich legten fest, dass sie ihr ›Landding‹ – damit ist hier eine Gerichtsverhandlung gemeint – wieder drei Mal im Jahr auf dem Kirchhof St. Niklas vor den Toren der Stadt abhalten wollten. Dies solle *zu liebe und freuntschafft* der Chemnitzer Bürger geschehen. Auf diesen Gerichtstagen sollten die Stadtbürger Gerechtigkeit für ihre Anliegen erfahren; dies bezieht sich wahrscheinlich auf Rechtsstreitigkeiten zwischen den Stadtbürgern und den Klosterhörigen, den ›Gotthausleuten‹. Beide unterstanden nicht der gleichen Gerichtsbarkeit: Das städtische Gericht galt nur für die Stadt, die Hörigen unterstanden dagegen dem Abt und dem Herrn von Waldenburg. Da die Stadt inmitten des Klosterlandes lag, gab es zahlreiche Reibungspunkte. Aus einzelnen Regelungen der Urkunde sehen wir, wie Klosterhörige und

Städter miteinander umgingen. An bestimmten Tagen durften die Letzteren den Gotthausleuten den Zutritt in die Stadt nicht verwehren: Offenbar stand die Stadt ihnen nicht jederzeit offen. Man teilte sich aber eine Richtstätte: *Bey des keisers forste* sollten schuldig gesprochene Klosterhörige und Stadtbürger gleichermaßen hingerichtet werden. Diese Bezeichnung für den heutigen Zeisigwald verweist auf die ehemalige Stellung als Reichsstadt. Im Landding sollten die Städter den Richter nicht schmähen und sich seinem Urteil fügen. Wer dies nicht tue, den wollten Heinrich und Ulrich zur Rechenschaft ziehen; hierbei mussten sie freilich eine aufschlussreiche Einschränkung hinnehmen: Sie konnten nur zur Verantwortung ziehen, wen sie ›auf unserem Land‹ ergreifen konnten. Offenbar hatten die beiden keine Zugriffsrechte in der Stadt selbst.

1375 verkauften die Waldenburger die Burg Rabenstein mit etlichen Rechten an das Kloster – darunter auch die Hochgerichtsbarkeit in der Stadt Chemnitz. Die Hoch- oder Blutgerichtsbarkeit umfasste Delikte, die mit Körperstrafen geahndet werden konnten, und wurde von der niederen Gerichtsbarkeit unterschieden. Die Stellung der wettinischen Landesherren zu diesem Verkauf ist unklar, 1423 verkauften sie – wie gesehen – all ihre hohen und niederen Gerichtsrechte in Chemnitz an die Stadt. Schon zu 1412 haben wir aus der Gebührenordnung erfahren, dass die städtischen Schöffen auch über Totschlagsdelikte richteten, also die Blutgerichtsbarkeit ausübten. Mithin sehen wir hier parallele Ansprüche auf die Gerichtsbarkeit, über deren Ursprünge wir nur mutmaßen können. Beachtenswert ist, dass wir von diesen Rechten im Kontext von Verkäufen informiert werden. Diese Konstellation ist dazu angetan, konkurrierende Ansprüche zu überbrücken bzw. auszublenden: Wenn sich Verkäufer und Käufer über den Handel einig sind, tritt die Frage historischer Vorentwicklungen in den Hintergrund.

Jenseits des Zugriffs auf das Chemnitzer Stadtgericht mussten immer wieder Streitfälle zwischen den so eng beieinander liegenden Gerichtsbezirken Stadt und Kloster entschieden werden. 1431 etwa bestätigte der Herzog der Stadt die Gerichtshoheit zum Totschlag an einem Bürger, der auf der Straße zwischen dem Abtswald und dem Jägerholze erschlagen worden war. Oftmals bestand die Schwierigkeit darin, den Ort eines Verbrechens und die Grenzen der jeweiligen Gerichtsbezirke genau zu bestimmen. 1491 wurde versucht, eine grundsätzliche Einigung zwischen Stadt und Kloster zu erzielen. Hier heißt es etwa, dass der Stadt die Gerichtsrechte auf den durch die Klosterdörfer laufenden Straßen zustehe. Um Straße von Dorf zu unterscheiden, sollte ein Bereich in der Breite von drei nebeneinanderfahrenden Wagen *vormalt und vorsteint*, also durch Grenzsteine markiert werden. Ein Schritt entschied hier also über Gerichtsbezirke und Zuständigkeiten. Aber auch innerhalb der Stadt gab es unterschiedliche Zuständigkeiten. 1491 wurde festgelegt, dass die Schüler der Lateinschule der Gerichtsbarkeit des Abtes unterstehen sollten, solange sie in der Kirche sangen und dienten; in der Schule aber unterstanden sie dem Rat.

Die Stadt am Ende des 15. Jahrhunderts: eine Zwischenbilanz

Wie sah die Stadt Chemnitz am Ende des 15. Jhs. aus? Was prägte sie? Es ist deutlich geworden, dass wir nicht in allen Facetten ein geschlossenes und detailreiches Bild zeichnen können; auf der Grundlage der Forschungen von Helmut Bräuer (Bräuer 2005) lassen sich aber einige Schlaglichter werfen:

Stadttopographie

Mehrere wichtige Straßenverbindungen von Leipzig über Zschopau nach Böhmen und von Nürnberg nach Freiberg und Dresden führten durch Chemnitz, was spezielle Zolltarife für den Durchgangsverkehr erklärt. Die Stadt bestand aus einer von der Stadtmauer umgebenen Innenstadt und den Vorstädten: Klostervorstadt, Johannisvorstadt, Chemnitzer Vorstadt und Nikolaivorstadt außerhalb der Mauern. Der Verlauf der mittelalterlichen Stadtmauer ist noch heute im Straßenbild erkennbar: im Süden, Westen und Norden entlang von Bahnhofs- und Theaterstraße, im Osten Am Wall und vorbei am Roten Turm.

Die Stadtmauer war Teil eines Verteidigungssystems aus einer knapp 6 m hohen Hauptmauer mit 25 Türmen und vier Toren, einem mit Wasser gefüllten Graben und einer vorgelagerten, kleineren Zwingermauer. Diese Elemente hatten neben ihrer militärischen auch andere Funktionen: Die Mauer und die Tore dienten der Zugangskontrolle und Zollerhebung sowie der Repräsentation. Die sehr teuren Wehranlagen verdeutlichten den Wohlstand der Stadt und grenzten diese rechtlich und symbolisch vom Umland ab. Im Wassergraben wurde immer wieder Unrat entsorgt, aber auch Fischzucht betrieben. Insgesamt war die Stadt wesentlich deutlicher abgeschlossen und abgegrenzt als heute.

Der Rote Turm, das älteste Gebäude in Chemnitz, das heute noch steht, wurde wahrscheinlich um 1200 erbaut.

DER ROTE TURM

Der Rote Turm ist eines der ältesten überirdisch erhaltene Gebäude der Stadt und ein bekanntes Chemnitzer Wahrzeichen. Wir wissen relativ wenig über seine frühe Geschichte. Der erste Hinweis in schriftlichen Quellen findet sich in den Schülerdialogen, die der Leiter der Chemnitzer Lateinschule Paulus Niavis zwischen 1485 und 1488 verfasste. Diese Texte sollten durch Beschreibungen aus der Lebenswirklichkeit der Schüler deren Spracherwerb befördern. Daher finden sich immer wieder Bezüge auf die Stadt Chemnitz und ihr Aussehen – und auch folgender Dialog: »Das ist aber ein starker Turm! Wie nennt man ihn?« – »Der hat seinen Namen von seiner roten Farbe.« – »Wie verderblich wirkt er wohl in den Augen wütender Feinde.«

Hier schwingt ein gewisser lokalpatriotischer Stolz auf die Stadt und ihren Turm mit. Paulus Niavis wurde vom Stadtrat entlohnt, und so nimmt es wenig wunder, dass seine Schultexte voll des Lobes für die Stadt seiner Arbeitgeber sind. Über den Turm selbst erfahren wir wenig, seine Farbe und mächtige Gestalt sollen Feinde eingeschüchtert haben; er war Ende des 15. Jhs. Teil der Stadtbefestigung und einer der in die Stadtmauer eingefügten Türme.

Archäologische Grabungen haben ergeben, dass die Stadtmauer jünger ist als der Turm: Beide sind nicht miteinander verbunden, die Mauer vielmehr an beiden Seiten bis an den Turm geführt. Der älteste Beleg für die Stadtmauer stammt aus dem Jahr 1264, der Rote Turm muss also vor dieser Zeit errichtet worden sein. Kunsthistorische Überlegungen zu Bauform und -gestaltung sprechen für die Zeit um 1200. In welchem Zusammenhang der Turm zur frühen Stadt steht, ist dabei unklar. Aus dem ausgehenden 16. Jh. haben wir Belege, dass er als Stadtgefängnis genutzt wurde; diese Funktion behielt er bis zum Anfang des 20. Jhs.

Heute ist der Turm nur noch teilweise ein mittelalterliches Gebäude. Im Zweiten Weltkrieg wurde er beschädigt, sein jetziges Aussehen erhielt er durch Wiederaufbau- und Rekonstruktionsmaßnahmen der 1950er-Jahre.

Chemnitz war natürlich auch viel kleiner, selbst wenn man nur die heutige Innenstadt betrachtet: Der ovale Stadtgrundriss hatte eine Ost-West-Ausdehnung von knapp über 500 m und maß in Nord-Süd-Richtung etwa 570 m; die Grundfläche der Stadt umfasst damit etwas über 20 ha. Im Westen floss die Chemnitz an der Innenstadt vorbei, im Osten der Gablenzbach. Die archäologischen Funde lassen erkennen, dass in der Frühphase der Stadtgeschichte viel Aufwand für die Trockenlegung der Aue betrieben werden musste. Für die Chemnitzerinnen und Chemnitzer waren die Flüsse auch Trinkwasserquellen, und mitunter kann man Maßnahmen zur Reinhaltung erkennen: Das Heilig-Geist-Spital, erstmals 1350 erwähnt, diente der Versorgung ansteckend Kranker (Pest, Lepra) und war wohl bewusst im Norden der Stadt und damit flussabwärts angelegt worden. Im Fluss wurde aber auch zum Vergnügen geschwommen, wie wir aus den Schülerdialogen des Paulus Niavis wissen. Den Schülern war das Schwimmen – wohl aus moralischen Überlegungen – untersagt, worüber sie sich in den Lehrgesprächen bitterlich beklagten.

Innerhalb der Mauern war das Stadtbild von Straßen, Plätzen, sakralen und weltlichen Gebäuden geprägt. Die Plätze dienten vornehmlich dem Handel, aber auch liturgischen und – oftmals von der Obrigkeit vehement bekämpft – politischen Versammlungen. Im Zentrum befand sich der Marktplatz mit Rathaus und der Kirche St. Jakobi: das geistliche, ökonomische und politische Zentrum der Stadt. Neben dem Hauptmarkt gab es weitere Märkte, deren Namen auf die wichtigen, dort gehandelten Produkte verweisen: Salz- oder Topfmarkt, Holz- und Roßmarkt. In der Stadt gab es zahlreiche öffentliche Gebäude, über die wir aus den Quellen deutlich besser informiert sind als über die Privathäuser. An erster Stelle stand das Rathaus, ein multifunktionaler, repräsentativer Bau, den erneut Paulus Niavis beschreibt. Über geschwungene Außentreppen, unter denen sich ein Gewölbe mit der Ratswaage befand, gelangte man zur ersten Etage, in der ein großer Saal lag. Dieser diente dem städtischen Gericht als Tagungsort und zu Markttagen den Gewandschneidern als Verkaufsraum. Daneben gab es eine Ratsstube und das Stadtarchiv, aber auch Lagermöglich-

BIOGRAFIE

PAULUS NIAVIS

Der humanistische Gelehrte, Autor und Lehrer Paulus Niavis leitete und reformierte in den 1480er-Jahren die Chemnitzer Lateinschule. Geboren um 1460 in Eger (Böhmen), studierte er ab 1475 zunächst in Ingolstadt, dann ich Leipzig, wo er 1482 den Magistergrad erwarb. Anschließend war Niavis als Lehrer in Halle tätig, 1485 übernahm er die Leitung der Lateinschule in Chemnitz. 1488 kehrte er an die Universität Leipzig zurück, bevor er ab 1490 in Zittau Stadtschreiber wurde; zuletzt ist er 1514 in den Ratsakten der Stadt Bautzen als Stadtschreiber belegt.

Paulus Niavis, der in humanistischer Tradition seinen deutschen Namen Paul Schneevogel latinisiert hatte (nix – Schnee, avis – Vogel), war Autor zahlreicher Schriften. Sein *Iudicium Iovis in valle amoenitatis habitum* setzt sich mit der Ausbeutung der Natur durch das Montanwesen auseinander. Für die Chemnitzer Stadtgeschichte sind seine Schülerdialoge von großer Bedeutung, Lehrtexte in lateinischer Sprache für die örtliche Lateinschule. Diese pädagogischen Texte wollen alltagsnah und von Schülerinteressen geleitet die Sprachvermittlung befördern. Als Quelle für die Stadtgeschichte sind sie von hohem Wert, weil sie Alltagsszenen und das Aussehen der Stadt beschreiben.

---

keiten für Getreide. Damit lassen sich wesentliche Aufgaben einer mittelalterlichen Ratsverwaltung am Rathaus ablesen: Neben Rechtsprechung und Stadtverwaltung waren dies Marktaufsicht und Sicherstellung der Versorgung der Stadt mit den wichtigsten Lebensmitteln. Bei Paulus Niavis heißt es über die Stadtregierung: »Sie lagern Korn, um wenn einmal Teuerung droht, mit Roggen und Weizen versorgt zu sein.«

Die Marktkirche St. Jacobi hat im Laufe des Mittelalters einige Umgestaltungen erfahren; eine immer wohlhabendere Stadtgemeinde wollte hier ihrer Stellung Ausdruck verleihen und den jeweiligen Moden folgen. Ende des 15. Jhs. war so eine dreischiffige Hallenkirche im gotischen Stil mit Hallenchor und Paradiesvorhalle entstanden. Zu den spektakulärsten Ausstattungsstücken der Kirche gehörte das Heilige Grab. Hierbei handelt sich es um eine reich verzierte, transportable

Das Heilige Grab (heute Schlossbergmuseum) wurde in der Osterliturgie benutzt, um Tod und Auferstehung Christi ins Bild zu setzen. Es wurde für die Chemnitzer Jakobikirche Anfang des 16. Jhs. gefertigt.

Darstellung des Grabes Christi, die an die Architektur einer Kirche erinnert. Dieses sehr seltene Stück steht heute im Schlossbergmuseum und stammt wahrscheinlich aus der Zeit um 1500. Es diente der Inszenierung der Grablegung und Auferstehung Christi im Kontext der Osterliturgie.

Weitere öffentliche Gebäude waren die Lateinschule, drei Badstuben, zwei Frauenhäuser und das Franziskanerkloster. In den Vorstädten befanden sich die Bleiche, ein Steinbruch, die Ratsziegelei, Kupferhämmer und die Saigerhütte, die Kirchen St. Johann und St. Nikolai, Spitäler und Begräbnisstätten. Hinzu kamen die für die städtische Wirtschaft so wichtigen Wiesen, Teiche, Äcker, Wälder und Gärten. Die Vorstädte hatten im Kriegsfall besonders zu leiden und wurden etwa im Dreißigjährigen Krieg weitgehend zerstört.

Über die Privathäuser wissen wir im Detail sehr wenig. Zum Jahr 1466 listen die städtischen Steuerunterlagen 346 besteuerte Grundstücke mit Haus auf, zu 1531 sind es 357. Der geringe Zuwachs lässt erkennen, dass die Bebauung des Innenstadtareals um die Mitte des 15. Jhs. bereits weitgehend abgeschlossen war.

Aus den Geschossbüchern, welche die Steuerlast einzelner Grundstücke festhalten, kann man deren Werte und damit die soziale Ausdifferenzierung der Stadt ermitteln. Auch im Mittelalter gab es gute und schlechte Wohnlagen. Der Trend geht dabei vergleichbar zu vielen anderen mittelalterlichen Städten von innen nach außen: »Es existierte ein Wertegefälle der bebauten Grundstücke von Markt nach Mauer« (Bräuer, 2005, S. 82). Am wenigsten attraktiv war die Gegend am Roten Turm. Die Wertigkeit bemaß sich nach der ganz realen Nähe zum sakralen, wirtschaftlichen und politischen Zentrum.

Bevölkerung

Wie viele Menschen lebten in Chemnitz? Die Beantwortung dieser Frage wirft einige methodische Schwierigkeiten auf. Wir haben keine Quellen aus dem Mittelalter zu Einwohnerzahlen, weil die Obrigkeit für diese Information keine Verwendung hatte. Statistische Überlegungen spielten keine Rolle, und so fokussierte sich das ökonomische Interesse nicht auf die Einwohner, sondern die Steuerzahler und die zur Steuererhebung notwendigen Kenngrößen. Wenn sich die Steuer, wie im Falle des Geschosses, nach dem Haus richtete, können wir nur die Anzahl der Häuser sehr genau ermitteln. Um von dieser auf die Anzahl der Einwohner zu schließen, müssen Durchschnittswerte für Bewohner pro Haus ermittelt werden. Da diese Berechnungen auf einer Faktorrechnung mit einem Durchschnittswert basieren, sind sie erheblichen Schwankungen unterworfen. Für Chemnitz sind die Berechnungen von Helmut Bräuer grundlegend, wobei die krummen Zahlen nicht als Ausweis von Präzision missverstanden werden sollten. Es handelt sich vielmehr um Richtwerte: Für 1530 beziffern diese 2.897 Personen in der Innenstadt und 1.421 Personen in den Vorstädten. Damit hätte Chemnitz Anfang des 16. Jhs. eine Einwohnerzahl von etwas über 4.300 Einwohnern gehabt. Die meisten mittelalterlichen Städte waren im Vergleich zu heute sehr klein. Die bevölkerungsreichste Stadt des römisch-deutschen Reiches im 15. Jh. war mit ca. 40.000 Einwohnern Köln, die große Mehrheit der Städte war mit unter 2.000 Einwohnern kleiner als Chemnitz.

Wirtschaft

Das Textilgewerbe war für die Wirtschaft der Stadt Chemnitz im 15. Jh. prägend und für einige sehr lukrativ: Paul Neefe war Mitte des 16. Jhs. der reichste Steuerzahler der Stadt. Seine Familie war im Tuchhandel reich geworden, ihr Name ist durch Neefestraße und Neefepark noch heute in der Stadt präsent. Der Erfolg der Chemnitzer Tuchhändler basierte auf dem Verlagssystem: Ein Verleger finanzierte die Rohstoffe für die Produzenten, die wiederum die fertige Ware exklusiv an ihn abgeben mussten. Dieses Verfahren ersparte den Tuchmachern den Kapital- und Zeiteinsatz, brachte sie aber gleichzeitig in Abhängigkeit vom Verleger und seinem Kapital. Auch im Bereich der Leinenproduktion hatte sich dieses Prinzip durchgesetzt. Das

Bleichprivileg und die Ansiedlung der Landesbleiche in Chemnitz hatten zu einer Konzentration dieses Gewerbezweiges in und um die Stadt geführt.

Auch im Montanbereich sehen wir Chemnitzer Bürger sehr erfolgreich wirtschaften. 1471 privilegierten die Landesherren – ganz im Sinne der oben bereits skizzierten Wirtschaftsförderung – den Bürger Nickel Thiele, der eine Saigerhütte bei der Stadt betrieb. Er besaß zusammen mit anderen Personen Bergwerke in Geyer, deren Erzeugnisse in Chemnitz weiterverarbeitet wurden. Beim Saigern wurden unter Ausnutzung der unterschiedlichen Schmelzpunkte Metalle voneinander getrennt. Nickel Thiele wurde gestattet, das gewonnene Silber und Kupfer selbständig und ortsunabhängig zu verkaufen; den Landesherren stand ein Anteil am Gewinn zu. Ende der 1470er-Jahre sehen wir dann einen Ausbau des Montanerzeugnisse verarbeitenden Gewerbes in Chemnitz. Ulrich Schütz d. Ä., Thieles Schwiegersohn, wandelte eine vormals zur Bleiche gehörende Mühle in einen Kupferhammer um. 1487 kaufte er eine weitere Mühle in der Aue, wo er auch – nach der Stilllegung der thielschen Hütte – eine neue Saigerhütte errichtete. Schütz war ein ausgesprochen erfolgreicher Unternehmer, der 1484 erstmals Ratsherr und zwischen 1486 und 1502 mehrfach Bürgermeister wurde. Das Montanunternehmen hatte Merkmale eines kapitalistisch aufgestellten Großbetriebes, 1506 wurde Ulrich Schütz d. J. nach dem Tod seines Vater gestattet, bei der Saigerhütte ein Gefängnis einzurichten, um die Arbeiter, ›die Zwietracht, Aufruhr und Hader‹ verursachen, dort bis zur Übergabe an die städtischen Autoritäten einzusperren.

Chemnitz im 16. und 17. Jahrhundert

Sächsische (Stadt-)Geschichte vor der Reformation

Im Verlauf des 16. und 17. Jhs. war die Geschichte der Stadt Chemnitz in hohem Maße von der Landes- und Reichsgeschichte geprägt. Grundlage hierfür war die Leipziger Landesteilung von 1485. Anders als vorangegangene Teilungen im Herrschaftsbereich der Wettiner – wie etwa 1263, 1382 oder 1445 – war diese von Dauer und für Chemnitz von nachhaltiger Bedeutung. Nachdem sie 20 Jahre lang das Erbe ihres Vaters, des Kurfürsten Friedrich II. (reg. 1428–1464), gemeinsam verwaltet hatten, teilten die Brüder Ernst und Albrecht nun die Besitzungen. Der ältere Bruder Ernst behielt die Kurwürde und Gebiete um Wittenberg und Torgau, einen Streifen von Grimma über Altenburg bis nach Plauen und thüringische Besitzungen um Eisenach, Weimar und Jena. Albert regierte als Herzog die Gebiete um Meißen, Dresden und Freiberg sowie in Nordthüringen – ihm fiel auch Chemnitz zu. Diese Teilung begründete eine dauerhafte Trennung in zwei nunmehr selbständige Reichsfürstentümer: das ernestinische Kurfürstentum Sachsen und das albertinische Herzogtum Sachsen. Chemnitz lag im albertinischen Teil, nicht weit von der innerwettinischen Grenze entfernt; das etwa 37 km westlich gelegene Zwickau gehörte schon zum ernestinischen Kurfürstentum.

Bedeutsam wurde die Teilung reichspolitisch v. a. deswegen, weil die beiden Fürstentümer in der Reformation zunächst unterschiedliche Wege beschritten. 1486 folgte Friedrich III., der Weise (reg. 1486–1525), seinem Vater Ernst im Kurfürstenamt nach. Er spielte als Landesvater und Schutzherr Martin Luthers eine wichtige Rolle in der Reformation. Luther lehrte an der von Friedrich gegründeten Universität Wittenberg, von der aus die Reformation ihren Ausgang nahm. Der Kurfürst schütze ihn, verweigerte seine Auslieferung nach Rom und gewährte ihm Zuflucht auf der Wartburg bei Eisenach.

Detail der Säule mit dem gegeißelten Christus, Anfang des 16. Jhs. (heute Schlosskirche).

Friedrichs Bruder und Nachfolger, Kurfürst Johann, der Beständige (reg. 1525–1532), war selbst Lutheraner und führte die Reformation 1527 in Kursachsen ein.

Das albertinische Herzogtum blieb hingegen unter Herzog Georg, dem Bärtigen (reg. 1500–1539), dem Sohn Alberts, katholisch. Er war ein erklärter Gegner der Reformation, ließ alle Lutherbibeln in seinem Land konfiszieren und stand im Bauernkrieg 1525 an der Spitze des Fürstenheeres, das bei Frankenhausen den Sieg davontrug. Seine katholisch-gegenreformatorische Gesinnung machte sich auch in Chemnitz bemerkbar. Hier herrschte im ausgehenden 15. und frühen 16. Jh. ein Klima der religiösen Veränderungen und Aufbrüche, die man nicht rückprojizierend einfach als ›vorreformatorisch‹ bezeichnen sollte.

Ausdruck hierfür war etwa die Stiftung des Franziskanerklosters in der Stadt, die von Papst Innozenz VIII. 1485 bestätigt wurde. Reiche Chemnitzer Familien, wie Neefe und Schütz, hatten die Mittel für einen Klosterbau zusammengetragen – ein Ausdruck von Frömmigkeit, bürgerlichem Selbstbewusstsein und Unbehagen mit den Zuständen in der existierenden Geistlichkeit der Stadt. Die Franziskaner waren ein Bettelorden, lehnten weltlichen Besitz rigoros ab und lebten von Spenden oder Erbetteltem. Ihr Armutsideal wurde als Gegenentwurf zu Reichtum und Prunk der etablierten Orden verstanden und machte die Barfüßer – wie sie in den Urkunden der Zeit genannt werden – attraktiv: Gebeten dieser gottgefälligen Männer wurde hohe Wirkkraft zugesprochen, was zu einem stetigen Spendenfluss führte.

Die Zustände im Benediktinerkloster hatten im Verlauf des 15. Jhs. hingegen Anlass zur Kritik gegeben. Die Lebensführung der Mönche entsprach nicht den Klosterregeln, die Disziplin wurde als lasch empfunden. Auf Veranlassung der Landesherren führte 1464 der zuständige Diözesanbischof von Meißen eine Visitation durch und erließ neue Normen. 1483 wurde Heinrich von Schleinitz Abt, ein gebildeter Mann, der sich um die Klosterbibliothek und die Klosteranlagen verdient gemacht hat. Unter seinem Abbatiat wurde mit dem Neubau von Klosterkirche und Abtsgebäude begonnen – ein Ausweis für den Reichtum der Abtei. Als er 1522 abdanken wollte, stellte er horrende Forderungen für seine Ausstattung: pro Jahr mehr als 18.000 Brote, 600 Karpfen, 120 Hechte, 15 Schafe, acht Rehe und vieles mehr. Dies war aus Sicht der Chemnitzer Bürger nicht mit den Idealen seines Ordens vereinbar und verstärkte die Spannungen zwischen Kloster und Stadt. Dies geschah zu einer Zeit, als im ernestinischen Nachbarfürstentum die Reformation schon Fuß zu fassen begann. Die Grenzlage von Chemnitz begünstigte das sog. ›Auslaufen‹: Aus dem albertinisch-katholischen Herzogtum gingen Gläubige ins pro-reformatorische Kurfürstentum, um dort lutherische Messen zu hören.

Reformation in Chemnitz

Mit dem Tod Herzog Georgs 1539 endete die katholische Phase der Stadtgeschichte; sein Bruder Heinrich der Fromme (reg. 1539–1541) bekannte sich zu den Lehren Luthers und führte bei seinem Regierungsantritt die Reformation im Herzogtum Sachsen ein. Über die landesherrliche Obrigkeit kam die Reformation auch nach Chemnitz, oder genauer: Es ist dieses Moment der Reformation, das wir in den Quellen am besten fassen können. Aussagen über die konfessionellen Stimmungen und Präferenzen in der Bevölkerung sind hingegen schwierig.

Die Reformation wurde in Chemnitz durch zwei landesherrliche Visitationen in den Jahren 1539 und 1540 eingeführt. Die konfessionelle Umgestaltung war in Sachsen eng mit landesherrlichen Interessen verknüpft, die in Ergänzung zu religiösen Überzeugungen auch handfest ökonomisch-politischer Natur sein konnten. Die römisch-katholischen Riten und Predigten wurden verboten und durch lutherische ersetzt. Die Visitatoren entließen den katholischen Stadtpfarrer und setzten mit Wolfgang Fueß den ersten evangelischen Stadtpfarrer in St. Jakobi ein. Hier zeigt sich sehr deutlich, dass Reformation Sache des Landesherrn war. In der bislang gültigen – katholisch-mittelalterlichen – Ordnung hatten die Patronatsrechte über St. Jakobi beim Benediktinerkloster gelegen. Dieser Zustand war natürlich nicht haltbar, da der katholische Abt keinen evangelischen Prediger bestellen konnte. Von diesem Wandel profitierte aber nicht die Stadt, sondern der Landesherr, der hier gleichsam in die Rechtsnachfolge des Benediktinerklosters trat.

Die Visitationen nahmen auch die beiden Klöster in den Blick: Den Franziskanern wurden Predigt, Abendmahl und Beichte verboten; sie durften nur noch in abgeschlossenen Räumen, also ohne Außenwirkung, Messen abhalten. Durch das Verbot, neue Brüder aufzunehmen, und die Erlaubnis zu heira-

Das Nordportal der ehemaligen Klosterkirche (heute im Inneren der Schlosskirche). Das Astwerkportal veranschaulicht Anspruch und Reichtum des Klosters am Anfang des 16. Jhs.

ten sollte das Kloster offensichtlich im Bestand reduziert werden. Die zweite Visitation von 1540 stellte fest, dass die Franziskaner sich nicht an die Auflagen gehalten hatten, und verfügte die Schließung des Klosters. Das Gebäude und das gesamt Interieur gingen in den Besitz des Landesherrn über. Damit endete nach 55 Jahren die Geschichte der Franziskaner in Chemnitz, die verbliebenen sieben Mönche zogen nach Halle ab.

Auch das Benediktinerkloster wurde im Zuge der Reformation aufgelöst. Der letzte Abt, Hilarius von Rehburg, hatte wohl gute Beziehungen zu Herzog Heinrich und pochte auf den Status des Klosters als reichsunmittelbar. Schließlich war es im 12. Jh. von einem König gegründet und seine Rechte immer wieder von dessen Nachfolgern bestätigt worden, zuletzt 1538 von König Ferdinand. Aber Rechtsanspruch und -wirklichkeit klafften in dieser Sache inzwischen weit auseinander: Herzog Heinrich war unangefochtener Territorialherr in seinem Herzogtum und setzte seine reformatorisch-landesherrlichen Interessen durch. Die Besitzungen und Rechte des Klosters wurden 1541 von seinen Beamten akribisch erfasst, um so die Umwandlung in ein landesherrliches Amt vorzubereiten. Die weit über 500 Titel umfassende Klosterbibliothek wurde größtenteils an die Universität Leipzig gegeben; heute finden sich nur mehr drei Handschriften und 82 Einblattdrucke, sog. Inkunabeln, in der Chemnitzer Stadtbibliothek. Abt Hilarius trat aus dem Orden aus und übernahm im Auftrag des Landesherrn die Verwaltung des ehemaligen Klostergutes; er heiratete, hatte einen Sohn und lebte bis zu seinem Tod 1551 in Chemnitz.

Im Schmalkaldischen Krieg

Die Reformation war mithin ein hoheitlicher Akt, der offenbar weitgehend friedlich verlief. Im Rahmen des Schmalkaldischen Krieges kamen aber erstmals die Kriegswirren nach Chemnitz, welche die Phase der konfessionellen Auseinandersetzungen bis hin zum Dreißigjährigen Krieg prägen sollten. Die beiden wettinischen Häuser standen zwar inzwischen im gleichen konfessionellen Lager, aber keineswegs auf derselben Seite. Im albertinischen Sachsen herrschte seit 1541 Herzog Moritz (reg. 1541–1553), der Sohn Heinrichs des Frommen; der katholische Kaiser Karl V. aus dem Hause Habsburg (reg. 1520–1556) hatte ihm die sächsische Kurwürde in Aussicht gestellt, wenn er in den anstehenden Konfessionskriegen auf seiner Seite stünde. 1531 hatten sich protestantische Reichsfürsten im Schmalkaldischen Bund zusammengeschlossen, um ihre Interessen gegen die katholische Reichsführung zu behaupten; Anführer des Bundes war Kurfürst Johann Friedrich I. (reg. 1532–1547/54) aus der ernestinischen Linie der Wettiner. 1546/47 kam es zwischen den beiden Parteien zum sog. Schmalkaldischen Krieg, der mit der Niederlage Johann Friedrichs in der Schlacht bei Mühlberg am 24. April 1547 endete. Dieser verlor die Kurwürde und große Teile seines Fürsten-

Das ehemaliger Benediktinerkloster und kurfürstliches Schloss beherbergt heute das historische Museum der Stadt, das Schlossbergmuseum.

tums an Moritz, der nunmehr dem albertinischen Kurfürstentum vorstand. Im Zuge der Kriegshandlungen lagen im März 1547 die Truppen Johann Friedrichs vor Chemnitz. Man hatte sich auf eine Belagerung vorbereitet und die Vorstädte weitgehend niedergerissen, darunter auch die Nikolai- und die Johanniskirche. Herzog Moritz war zu diesem Zeitpunkt mit seinen Truppen im Feldlager bei Freiberg; bei ihm weilte auch der vom Landesherrn eingesetzte katholische Bürgermeister von Chemnitz, Georgius Agricola. Aus dem Briefwechsel zwischen ihm und der Stadt wird die angespannte Lage deutlich, die eventuell auch auf konfessionelle Differenzen und Furcht vor Rekatholisierung zurückging. Agricola ermahnt die Stadt, auszuhalten und sich so lange wie möglich der Übergabe zu widersetzen. Trotz dieser Hinhaltepolitik musste sich die Stadt am 3. April ergeben. Die Bürger hatten einen Eid auf Johann Friedrich abzulegen und Zahlungen an den Sieger zu leisten. Nur wenige Tage später war dies durch dessen Niederlage am Mühlberg Makulatur: Der neue Kurfürst Moritz war wieder Stadt- und Landesherr; er bestrafte die aus seiner Sicht abtrünnigen Stadtbewohner schwer.

Die neue Stellung des Kurfürsten Moritz schlug sich unmittelbar in Chemnitz nieder: Aus dem Benediktinerkloster sollte eine Sommerresidenz im Stile der Renaissance werden. Der Schlafsaal der Mönche, das Dormitorium, wurde zum großen Festsaal mit Hirschgeweihleuchtern; noch heute sind in der Ostfassade die Pilaster der Renaissance-Fenster zu sehen, die auf diesen Umbau zurückgehen. Der Name des heutigen historischen Museums in Chemnitz – Schlossbergmuseum – verweist auf diesen Abschnitt der lokalen Geschichte. Dieser dauerte allerdings nicht sehr lang. Unter Moritz' Nachfolger, Kurfürst August (reg. 1553–1586) verlor Chemnitz seine Residenzfunktion an das neu gestaltete Schloss Augustusburg auf dem Schellenberg.

Die Stadt im Dreißigjährigen Krieg

Der Dreißigjährige Krieg (1618–1648) brachte großes Leid über Europa, so auch über Sachsen und Chemnitz. Verschiedene europäische Mächte – vor allem Frankreich, Schweden und das Haus Habsburg – rangen um politische und materielle Vorteile, teilweise unter Bezugnahme auf Konfessionen, teilweise losgelöst davon. Der Krieg wurde vornehmlich im römisch-deutschen Reich ausgetragen; hier standen sich die katholischen Kaiser aus dem Hause Habsburg und die Reichsstände in verschiedenen Koalitionen mit auswärtigen Mächten gegenüber. Das Kurfürstentum Sachsen wurde von Johann Georg I. (reg. 1611–1656) aus der albertinischen Linie geführt; der Lutheraner verfolgte eine politische Linie, welche die Vorteile Sachsens über konfessionelle Fragen stellte und als wechselhaft bezeichnet wurde. Von 1619 bis 1631 stand Kursachsen an der Seite des Kaisers oder verhielt sich neutral; als Lohn für sein Engagement erhielt Johann Georg vom Kaiser die Ober- und Niederlausitz, eine Gebietserweiterung, die den Krieg überdauern sollte. Kursachsen blieb in dieser Zeit weitgehend vom Krieg verschont. Dies änderte sich 1631, als katholisch-kaiserliche Truppen in das Kurfürstentum einfielen. Johann Georg schloss in diesem Jahr eine Allianz mit Schweden gegen den Kaiser, die bis zum erneuten Seitenwechsel 1635 halten sollte. Nun stand Kursachsen wieder zum Kaiser, bis es 1646 aus dem Krieg ausschied, ohne dass damit die Präsenz schwedischer Truppen sofort beendet gewesen wäre. Die letzten Schweden verließen Sachsen erst 1650 nach Zahlung aller Kriegsentschädigungen.

Der Krieg wurde mit großer Intensität, großen Heeren und großen Auswirkungen auf die Zivilbevölkerung geführt. Plünderungszüge, Brandschatzungen und gezielte Gewalt gegen Zivilistinnen und Zivilisten waren Teil der Strategie aller Kriegsparteien. Hunger und Krankheiten steigerten das Leid zusätzlich. Hinzu kamen finanzielle Belastungen in Form von Kriegssteuern, Kontributionen und Zwangsabgaben, die für die Schonung vor Gewalt oder den Abzug von Truppen entrichtet werden mussten. Aus der Sicht der betroffenen Bevölkerung war es dabei mehr oder weniger gleichgültig, welcher Fraktion die sie heimsuchenden Truppen angehörten. Die Zugehörigkeit zur selben Konfession schütze die Zivilbevölkerung ebenso wenig wie die zum selben politischen Lager. Die Unterschiede zwischen feindlicher Besetzung und freundlicher Besatzung waren mitunter nur graduell.

Auch Chemnitz hatte unter dem Krieg massiv zu leiden. Man geht davon aus, dass über zwei Drittel der Bevölkerung das Leben verloren. Das Schicksal der Stadt wurde von ihrer Zugehörigkeit zu Kursachsen bestimmt. Am 16. August 1623 erreichte der Krieg zum ersten Mal Chemnitz: Während das kursächsische Heer in Schlesien stand, entsandte der kaiserliche Generalissimus Wallenstein ein Kontingent von 6.000 Mann unter General Holk nach Sachsen; durch Plünderung und Zerstörung im Heimatland sollte dieser die Truppen des Kurfürsten zum Rückzug aus Schlesien bewegen. Kriegsgräuel waren hier keine Kollateralschäden, sondern im Sinne der psychologischen Kriegsführung Mittel zum Zweck. Chemnitz war mithin ohne Deckung durch landesherrliches Militär und in der Verteidigung weitgehend auf sich allein gestellt. 1631 hatte ein Brand schwere Zerstörungen hinterlassen: Die Stadt war für die kommenden Herausforderungen schlecht gerüstet. Als General Holk anrückte, das landesherrliche Schloss und den im Westen der Stadt gelegenen Kaßberg besetzte, zeigte sich, dass

BIOGRAFIE

GEORGIUS AGRICOLA

Georg Bauer, der seinen Namen zu Georgius Agricola latinisierte, wurde 1494 in Glauchau geboren, verstarb 1555 in Chemnitz und war ein vielseitig gebildeter Gelehrter. Er studierte Theologie, Philosophie und Philologie in Leipzig sowie Medizin und Naturwissenschaften in Italien. Er wirkte als Schullehrer, Stadtarzt, Editor, Mineraloge, Geologe und Fachmann für das Montanwesen. Agricola verfasste zahlreiche Schriften zu sehr unterschiedlichen Themenfeldern: eine lateinische Grammatik, eine Abhandlung über Maße und Gewichte, ein Aufruf zum Kampf gegen die Türken. Den größten Nachruhm sicherten ihm freilich seine Abhandlungen zu Bergbau und Metallurgie: *Bermannus sive de re metallica dialogus* oder *De re metallica*.

Von 1533 bis 1555 lebte er in Chemnitz. Zunächst wirkte er als Stadtarzt, 1546 wurde er auf Geheiß des Stadt- und Landesherrn, Herzog Moritz von Sachsen, Bürgermeister. Hierzu musste er zunächst das Bürgerrecht erwerben – bislang hatte er dazu keine Veranlassung gesehen. Er bekleidete dieses Amt 1546, 1547, 1551 und 1555. Zwischen der protestantischen Stadt und ihrem katholischen Bürgermeister kam es immer wieder zu Spannungen. Seine Konfession stand auch einem Begräbnis in Chemnitz entgegen – der Katholik Agricola fand seine letzte Ruhestätte im Dom von Zeitz.

die mittelalterliche Stadtmauer keinen ausreichenden Schutz bot. Chemnitz war eine nach Maßgaben des Mittelalters befestigte Stadt, jedoch keine Festung, die den militärischen Anforderungen des 17. Jhs. genügt hätte. Ende September musste die Stadt kapitulieren und den Kaiserlichen die Tore öffnen. Nun konnte die Stadt zwar die Anwesenheit hochrangiger kaiserlicher Militärs bestaunen – Wallenstein, Piccolomini, Gallas und Holk – und den Leichnam des bei Lützen gefallenen Pappenheims. Entscheidender aber waren die Kontributionen und Verpflegungskosten, welche sie aufbringen musste. Auf diese erste Belagerung, Beschießung, Kapitulation und Besatzung sollten in den nächsten zehn Jahren etliche weitere folgen. Schon im November 1632 kamen die Schweden in die Stadt.

Georgius Agricola. – Gemälde, ca. 1850

Nach mehreren Wechselfällen und einer großen Feldschlacht in der Nähe der Stadt, erschien 1644 schließlich Kurfürst Johann Georg selbst und vertrieb die schwedische Besatzung; ab diesem Zeitpunkt waren die direkten Kampfhandlungen vorbei und Chemnitz wieder kursächsisch.

Durch Beschießungen, Plünderungen und Stadtbrände wurden große Teile der Stadt zerstört. Von 960 Häusern konnten am Ende des Krieges nur noch 270 bewohnt werden. Die Stadt zählte nicht mehr als knapp 1.200 Einwohner, ihre Steuerfähigkeit lag darnieder. Wichtige Wirtschaftseinrichtungen waren zerstört, das landesherrliche Schloss verwüstet. In der Umgebung der Stadt lagen einige Dörfer brach – etwa Adelsberg und Streitdorf – und wurden nicht mehr besiedelt. Das persönliche oder individuelle Leid Einzelner lässt sich nur erahnen.

Gemäß des von Wallenstein ausgegebenen Grundsatzes, dass der Krieg sich selber ernähren müsse, wurden den Chem-

DIE SCHLACHT BEI CHEMNITZ

Am 14. April 1639 fand in der Nähe von Chemnitz eine Schlacht zwischen einem schwedischen und einem kaiserlich-kursächsischen Heer statt. Der kursächsische Generalfeldmarschall Rudolph von Marzin hatte seine Truppen in der Nähe von Chemnitz aufgestellt und erwartete den Angriff der anrückenden Schweden. Der linke Flügel, der zum Großteil aus Kürassieren bestand, formierte sich bei der Stadt, der rechte Flügel, bestehend aus Infanterie und Artillerie, stand hinter dem Fluss Chemnitz. Vier Regimenter der Schweden hatten es geschafft, einen Pass, der die beiden Armeen trennte, zu überqueren, sie griffen den linken Flügel des kaiserlich-kursächsischen Heeres an, stießen jedoch auf heftigen Widerstand und mussten sich zurückzuziehen. Die anderen Regimenter hatten sich indes formiert. Dem zweiten, vereinten Angriff der Schweden hielt der linke Flügel nicht mehr stand und löste sich auf. Nur Wenigen gelang es, sich über die Chemnitz hinter den rechten Flügel zurückzuziehen. Den Weg über die einzige Furt hatten die Schweden durch ihren Angriff abgeschnitten. Der Kommandeur der Schweden, Feldmarschall Johan Baner, erkannte, dass ein günstiger Moment gekommen war. Die Furt bot ihm einen taktischen Vorteil und er setzte sogleich über die Chemnitz, um auch den rechten Flügel anzugreifen. Dessen Kampfmoral war jedoch so erschüttert, dass die Soldaten flohen. Die Infanterie setzte sich in Richtung eines Waldes bei Chemnitz ab.

Der Sieg der Schweden wurde allein durch den Einsatz der Kavallerie errungen, weder Infanterie noch Artillerie waren eingesetzt worden. Auch die kaiserliche und kursächsische Artillerie hatte keinen einzigen Schuss abgegeben. Die Schweden erbeuteten die Bagage und die Munition des Gegners sowie 40 Standarten und 20 Fahnen. Zudem hatte man 2000 Gefangene gemacht, darunter viele Offiziere. Die kaiserlichen und kursächsischen Truppen hatten 800 Gefallene zu beklagen. Von Marzin konnte fliehen, wurde jedoch seines Kommandos enthoben. Für Chemnitz bedeutete die Schlacht, dass die schwedische Herrschaft über die Region vorerst gesichert war.

Lucas Kirchberger

nitzern in den 1630er- und frühen 1640er-Jahren horrende Leistungen auferlegt. Man staunt angesichts dieser Forderungen an Naturalien und Geld über die Leistungsfähigkeit der Stadt.

Noch lange Jahre nach Beendigung des Krieges kam es zu Steuerausfällen. Der Landesherr reagiert mit Zwangsmaßnahmen und ließ Chemnitzer inhaftieren – so auch im Jahr 1673, fast 40 Jahre nach Kriegsende in Chemnitz. Daraufhin schickte die Bürgerschaft einen Beschwerdebrief an Kurfürst Johann Georg II. (reg. 1656–1680), in dem sie ihr Schicksal schildert: Durch Kontributionen, Feuerbrünste, Brandschatzungen, Krankheiten und andere Kriegsbelastungen sei die Stadt ›in äußerstes Elend und Ruin‹ geraten. Die meisten wüssten nicht, wie sie sich und ihre Angehörigen ernähren, geschweige denn die landesherrlichen Steuern bezahlen sollten. Das Handwerk der Tuchmacher und der Leinweber, ›aus welchen die Stadt beinahe besteht‹, liege darnieder, so dass viele sich als Tagelöhner oder Bettler verdingen müssten. Bei aller quellenkritischen Vorsicht gegenüber einem Schreiben, das den Landesherrn zur Reduktion der Steuerlast veranlassen sollte, sehen wir hier doch, wie stark der Krieg die Stadt und die stolze Bürgerschaft getroffen hatte.

Frühe Weichenstellungen: Das 18. Jahrhundert

Krieg, Zerstörung, Neuaufbau

Seit 1632 in die Kampfhandlungen einbezogen, war Chemnitz durch den Waffenstillstand von Kötzschenbroda im September 1645 von den unmittelbaren Plagen des Dreißigjährigen Krieges prinzipiell befreit. Gegen Zahlung einer monatlichen Kontribution an die bisherigen schwedischen Kriegsgegner und Gewährung ungehinderten Durchzugs schwedischer Truppen erkaufte sich der sächsische Kurfürst Johann Georg I. das Ausscheiden seines Landes aus dem Kriegsgeschehen. Es dauerte freilich noch mehrere Jahre, bis die marodierende und plündernde Soldateska jeglicher Herkunft die Region wieder verlassen sollte. Fast zwei Drittel der in Chemnitz vor 1630 existierenden Wohnhäuser waren zerstört, die Einwohnerzahl sank von etwa 5.500 im Jahr 1610 auf unter 3.000 im Jahr 1648.

Mit alledem teilte die Stadt das generelle Schicksal des kursächsischen Raumes. Als mitteleuropäische Durchgangsregion war das Kurfürstentum Sachsen von den Verheerungen der Kampfhandlungen und den damit verbundenen Folgeschäden des Großen Krieges besonders stark betroffen. Nicht nur Chemnitz hatte erheblich an Einwohnern verloren; insgesamt sank die Bevölkerung des Kurstaates zwischen 1630 und 1650 von etwa 920.000 auf unter 535.000. Der durch den Krieg bedingte demographische Schwund konnte indes in erstaunlich kurzer Zeit auch in Chemnitz wettgemacht werden. Trotz eines erneuten Pestjahres 1680 war zur Jahrhundertwende 1700 die Bevölkerungszahl der Vorkriegszeit mit etwa 5.000 Personen wieder annähernd erreicht.

Andere Felder und Bereiche kommunalen Lebens bedurften einer nicht weniger lang andauernden Erholungsphase zur Bewältigung der Kriegsfolgelasten. Die gesamte zweite Hälfte des 17. Jhs. war von den damit verbundenen Bemühungen geprägt. Viermaliger Artilleriebeschuss hatte die einstmals wohlbefestigte Stadt zwischen 1632 und 1644 nachhaltig demoliert, bei Kriegsende war die Kommune zudem faktisch bankrott. Die dringend erforderliche Reparatur der zerstörten Stadtbefestigung konnte erst gegen Ende der 1660er-Jahre in Angriff genommen werden. 1698 war die Stadt zumindest schuldenfrei, wozu wohl auch eine 1669 erlassene neue Ratsordnung beitrug, die hinfort nur noch einen (statt bisher zwei) Bürgermeister als besoldetes Stadtoberhaupt vorsah und, neben anderen zweckdienlichen Sparmaßnahmen, darauf drängte, dass »bei den … Rathsreisen … die Spesen möglichst zu beschränken und nach der Rückkehr der betreffenden Stadtvertreter specificierte Rechnungen darüber bei der Kämmerei einzureichen« seien.

Im Übrigen leistete der aus Kreisen wohlhabender bürgerlicher Familien zusammengesetzte Rat der Stadt unter seinen beiden nacheinander amtierenden Bürgermeistern Johann Georg Berlich (1625–1675, ab 1655) und Atlas Crusius (1606–1679, ab 1663) vielfältig verzweigte Wiederaufbauarbeit. Deren Bandbreite reichte von baupolizeilichen Verordnungen zum Schutz gegen Feuerbrände angesichts einer nach 1648 aus Kostengründen weithin vorherrschenden Holzbauweise über Maßnahmen zur Gesundheitsfürsorge zwecks Eindämmung der 1680 von Böhmen aus eingeschleppten Pestepidemie bis hin zu einer für die infrastrukturellen Verbindungen der Stadt unschätzbaren Neuerung: 1696 verfügte ein kurfürstlicher Erlass, dass »zur Beförderung der Correspondenz und Fortbringung reisender Personen eine wöchentlich zweimal gehende, geschwinde fahrende Post von Leipzig über Borna, Penig, Frohburg, Chemnitz, Ehrenfriedersdorf, Thum nach Annaberg« eingerichtet werden solle.

Städtisches Leben im 18. Jahrhundert

In der ersten Hälfte des neuen Jahrhunderts bot die Stadt, eingehegt vom vielfach betürmten mittelalterlichen Mauerring, ein noch immer stark ländlich geprägtes Bild. Das entsprach ihrem damaligen Rang im Vergleich zu den beiden anderen aufstrebenden Landesmetropolen. In der kursächsischen Haupt- und Residenzstadt Dresden geriet – unter den nacheinander, von 1697 bis 1763, auch als Könige von Polen-Litauen amtierenden Kurfürsten Friedrich August I. (»der Starke«) und Friedrich August II. – höfische Kunst- und Kulturpflege zum festen Bestandteil einer auf Repräsentation und Machtdemonstration zielenden absolutistischen Herrschaftspraxis. Zeitgleich pulsierten in der Messe- und Handelsstadt Leipzig philosophische Bildung, literarische Gelehrsamkeit und ein stark ausgeprägtes Buchhandels- und Verlagsgewerbe. Doch in Chemnitz? Hier fehlten weitgehend die demographischen und infrastrukturellen Voraussetzungen für gleichgeartete Aktivitäten, zumal die polnischen Ambitionen Friedrich Augusts »des Starken« der Stadt – wie dem Kurfürstentum generell – mancherlei Gefährdungen und Misslichkeiten eintrugen. Sachsen hatte sich seit Jahrhundertbeginn am Krieg Russlands und Dänemarks gegen Schweden beteiligt, um das (seit 1629) von Schweden verwaltete Livland (mit Riga) für Polen-Litauen zurückzugewinnen. Nach der militärischen Niederlage gegen die Schweden musste Sachsen im Friedensvertrag von Altranstädt 1706, wie schon in den 1640er-Jahren, erneut die Besetzung durch schwedische Truppen akzeptieren. Und wiederum war auch Chemnitz davon betroffen: An der Versorgung der fremden Soldaten beteiligte sich die Stadt ebenso wie an der Zahlung vertraglich festgesetzter Kontributionen in Form von Geldleistungen und Naturalien. Die schwedischen Einquartierungen endeten erst 1709.

So waren es damals und später nicht wenige vielversprechende Chemnitzer Talente, die ihre Heimatstadt in jungen Jahren verließen, um andernorts Ruhm zu erlangen. Zu ihnen zählte Christian Gottlob Heyne (1729–1812), der, als Sohn eines verarmten Leinenwebers, seinen Geburtsort Chemnitz nach Besuch der dortigen Lateinschule 1748 verließ, um in Leipzig und Wittenberg Rechtswissenschaft und Altertumskunde zu studieren. 1763 wurde er Professor für Rhetorik und Poetik an der Universität Göttingen und gelangte dort als einer der Mitbegründer der deutschen Altertumswissenschaft und Mythen-

LITERARISCHES CHEMNITZ

Chemnitz zog erst zu Beginn des 19. Jhs. literarische Größen an – darunter auch Johann Wolfgang von Goethe, der die Stadt 1810 aufsuchte. Schon damals bestach sie nicht unbedingt durch ihre Schönheit, sondern nahm als aufstrebende Industriemetropole für sich ein.

Ein 1828 gegründeter *Literarischer Verein* strebte nach »Verbreitung gemeinnütziger Kenntnisse durch Vorträge aus den Gebieten der Philosophie, der Geschichte und ihren Hilfswissenschaften, Geographie, Politik, Sprachkunde und den gesamten Naturwissenschaften«. Die Intention seiner Mitglieder, hauptsächlich Kaufleute und Unternehmer, war demzufolge keineswegs poetischer Natur, sondern sachbezogen und rational. Das entsprach dem Charakter der Industriestadt. Der hohe Anteil der in ihren Mauern tätigen Arbeiterschaft führte schon relativ früh zur Gründung sozialdemokratischer Blätter wie der *Volksstimme*, dem *Chemnitzer Beobachter* und der *Freien Presse*.

Im späten 19. Jh. verband sich künstlerische Poesie vielfach mit sozialistischem Gedankengut. Emil Rosenow (1871–1904), Chefredakteur des *Chemnitzer Beobachters*, Redner, Dramatiker, Romancier und jüngster Abgeordneter des Deutschen Reichstages, leistete mit der Komödie *Kater Lampe* (1903) einen der bedeutendsten aus Chemnitz stammenden Beiträge zu diesem Genre. Der künstlerische Umgang mit Wort und Schrift blieb indes überwiegend dem Bürgertum vorbehalten, das sich vor allem für Unterhaltungsliteratur begeisterte. Dieses Segment bedienten Autoren wie Karl May, der 1861 als Fabrikschullehrer in Chemnitz tätig war.

Im Verlagssektor trat besonders der Chemnitzer Ernst Schmeitzner (1851–1895) hervor. Er verlegte Friedrich Nietzsches Werke – von der vierten der *Unzeitgemäßen Betrachtungen* (1876) bis zum *Also sprach Zarathustra* (1882–1885) – und verhalf Autoren wie Bruno Bauer, Paul Ree und Anton Ohorn, aber auch ausgewiesenen Antisemiten wie Eugen Dühring und Wilhelm Marr, zu einiger Bekanntheit. Um die Wende zum 20. Jh. blühten Buchdruck und Buchhandel auf, später entstanden literarische Vereine wie die *Goethe-Gesellschaft Chemnitz e. V.* (1926) und die 1921 von Albert Soergel und Kurt Oxenius gegründete, bis 1947 aktive *Gesellschaft der Bücherfreunde zu Chemnitz.* Sie organisierte Lesungen, unterstützte über die Stadtgrenzen hinaus bedürftige Schriftsteller und engagierte sich für den Druck bibliophiler Bücher.

Nach dem Zweiten Weltkrieg zog neues literarisches Leben in Chemnitz ein. Eine Vielzahl von Büchern vor allem exilierter Autoren erschien. Traditionsreiche Buchhandlungen wie die *Evangelische Buchhandlung Max Müller* oder die *Brunnersche Buchhandlung am Marktplatz*, aber auch die neuen *Volksbuchhandlungen* präsentierten ihr Sortiment, das sich freilich eine zunehmende ideologische Vereinnahmung gefallen lassen musste.

Trotz zahlreicher Initiativen wie der *Arbeitsgemeinschaft Junger Autoren* oder dem *Bezirksliteraturkabinett Karl Otto* vermochte das neue Karl-Marx-Stadt keine literarische Strahlkraft zu entwickeln. Am ehesten gelang das noch dem Theater, das etwa durch die Uraufführung von Bertolt Brechts Stück *Die Tage der Kommune* (1956) auf sich aufmerksam machte.

Antonia Sophia Podhraski

forschung zu hohem Ansehen. Ähnlich verhielt es sich mit Christian Gottlob Neefe (1748–1798). Auch er entstammte einer einfachen Chemnitzer Handwerker- und Schneiderfamilie, erhielt auf Grund seiner früh erkannten musikalischen Begabung ein städtisches Stipendium, ging 1767 zunächst als Jurastudent nach Leipzig, später nach Bonn – und wurde dort als Organist, Pianist und Komponist ab 1782 zum maßgeblichen Entdecker, Lehrer und Förderer des jungen Ludwig van Beethoven.

Der Resonanzraum des Chemnitzer Kultur- und Geisteslebens war im gesamten 18. Jh. noch allzu begrenzt, um heranwachsende Talente wie Heyne oder Neefe dauerhaft in der Stadt halten zu können. Dabei gab es hier schon 1661 eine erste Buchdruckerei. In den 1730er- bis 1780er-Jahren brachte dann die Verleger- und Buchhändlerfamilie Stößel eine große Zahl unterschiedlichster Veröffentlichungen auf den Markt, deren Spannweite beachtlich war. Sie umfasste religiöse Erbauungsschriften und theologische Betrachtungen ebenso wie Lexika und Wörterbücher, geographische, forstwissenschaftliche, musikwissenschaftliche und numismatische Publikationen.

Bei Stößel erschien 1734 der erste, freilich noch sehr anspruchslose Versuch einer zusammenfassenden Darstellung der Chemnitzer Stadtgeschichte aus der Feder von Johann Gottlob Richter (ca. 1690–1749). Der aus dem erzgebirgischen Annaberg stammende Advokat amtierte von 1727 bis 1739 in Chemnitz als Stadt- und Gerichtsschreiber. Seit 1730 war er zugleich Mitglied des städtischen Rates und gewann in dieser prestigeträchtigen Funktion – der Stadtschreiber verwaltete die gesamte Schriftlichkeit des Rates – umfangreiche Einblicke in das innerstädtische Leben. Seine 1734 bei Stößel erschienene *Historische Nachricht von denen vornehmsten Denckwürdigkeiten der Stadt Chemnitz, besonders Ihren vor nunmehro hundert Jahren erlittenen Drangsalen* vermengte in chronologischer Aneinanderreihung unbekümmert quellenmäßig nachweislich Verbürgtes mit Legendarischem und Anekdotischem – so verlegte der Verfasser die Frühgeschichte der Stadt ins 7. Jh. und belehrte seine Leser gewissenhaft über Mäuseplagen, Lustmorde, Hinrichtungsarten oder etwa die Geburt von Schafen mit zwei Köpfen. Ein historisch-kritisches Geschichtsinteresse vermochte seine Darstellung damit nicht zu erwecken.

Einen gelinden Hauch vom Geist der Aufklärung verbreitete erst der seit Januar 1800 wöchentlich erscheinende *Chemnitzer Anzeiger*, die erste am Ort verlegte Zeitung. Ihr Herausgeber, der Buchhändler, Verleger und Publizist Christian Gottfried Kretschmar (1767–1829), definierte den Zweck seines Blattes dahingehend, »daß thätige und patriotisch denkende Männer hier einen offenen Weg finden« sollten, um »durch allerhand Bemerkungen, Nachrichten und Anzeigen ihren Mitbürgern nützlich zu werden«. Die Orientierung des *Anzeigers* – er erschien bis 1826 – war und blieb diesen praxisorientierten Vorgaben einer »angewandten Aufklärung« verpflichtet. Einen irgendwie gearteten Anspruch auf Gelehrsamkeit oder gar auf eine ambitionierte literarische Qualität hat das Blatt im gesamten Vierteljahrhundert seiner Existenz weder erhoben noch eingelöst.

Blütezeit der Manufakturen und Beginn des Fabrikzeitalters

Die relative Kulturferne der Stadt mochte nicht zuletzt deren jahrhundertelang vorherrschender Prägung durch Handwerk, Tuch- und Leinenweberei geschuldet sein. 1662 war das Chemnitzer Bleichprivileg aus dem Jahr 1357 von Seiten der kurfürstlich-sächsischen Regierung noch einmal ausdrücklich erneuert worden. Im ausgehenden 17. Jh. verlor das Tuchmacherhandwerk zugunsten der Baumwollbearbeitung stark an Bedeutung, die Zukunft gehörte mehr und mehr der Webwarenproduktion, die sich im 18. Jh. zur eindeutig dominierenden Wirtschaftsbranche der Stadt entwickelte. Der Rang der Bleiche blieb davon unberührt. Mit Blick auf die beim Bleichvorgang vorherrschenden arbeitsteiligen Herstellungsprozesse kann man hierin mit einigem Recht die Vor- und Frühform einer Manufaktur erblicken. Manufakturen – also noch weitgehend durch handwerkliche, gleichwohl bereits stark rationalisierte Vorgehensweisen bestimmte Produktionsstätten – wurden im fortgeschrittenen 18. Jh. bis weit ins erste Drittel des 19. Jhs. zur wirtschaftlich maßgeblichen Betriebsform in Sachsen.

Chemnitz passte sich diesem Trend frühzeitig an. 1718 erwähnen die städtischen Ratsakten erstmals eine Barchentmanufaktur – Barchent bezeichnet ein einseitig gerauhtes Gewebe – mit 19 Webstühlen zur Bearbeitung von Baumwolle und Leinen. Seit den 1760er-Jahren florierte die Seidenstrumpfwirkerei in der Stadt, um 1770 etablierte sich die erste manufakturmäßig betriebene Chemnitzer Kattundruckerei zum Bedrucken von Baumwollgeweben, der zahlreiche weitere Gründungen folgen sollten. Von den knapp 700 im Jahr 1805 in Sachsen existierenden Kattundruck-Tischen befanden sich fast zwei Drittel in Chemnitz und im Nachbarort Frankenberg. Die entsprechenden Betriebe erwirtschafteten etwa 40 % der diesbezüglichen Kapazität des gesamten Kurfürstentums.

Der Expansionsrahmen solcher Betriebe war selbstverständlich nicht unbegrenzt. Und die Fährnisse der Großen Politik boten ihrer ungehemmten Entfaltung keineswegs immer günstige Bedingungen. Die Verwicklungen Kursachsens in den Siebenjährigen Krieg (1756–1763) brachten für Chemnitz eine lang andauernde und überaus kostspielige Besatzung durch preußische Truppen. Enorme Geldforderungen seitens der preußischen Kriegskasse sorgten im Stadtrat für Verdruss und für finanzielle Schwierigkeiten und führten, wie schon vor über 120 Jahren, erneut zu einer hohen Verschuldung der Kommune, aus der sie sich jedoch weitaus schneller wieder herauszuarbeiten vermochte als nach 1648. Die katastrophale Niederlage des Landes im Siebenjährigen Krieg gegen Preußen – der das Kriegsgeschehen 1763 beendende Friede von Hubertusburg verwies die Wettiner im Konzert der europäischen Mächte auf einen nurmehr deutlich nachgeordneten Rang – hatte die kursächsische Regierung im Rahmen ihres 1763 eingeleiteten »Rétablissements« zu einer starken Förderung der Manufakturentwicklung in der Region veranlasst. Eine eigens zu diesem Zweck gebildete *Landes-Oeconomie-, Manufactur- und Commercien-Deputation* vermittelte zahlreichen Chemnitzer Unternehmensgründungen in einer heute sehr modern anmutenden Form finanzielle Vergünstigungen und logistische Erleichterungen. Zudem verschaffte eine freihändlerisch ausgerichtete staatliche Außenwirtschaftspolitik dem Land um die Wende vom 18. zum 19. Jh. die Vorteile exportorientierten Wirtschaftens.

Dabei erwiesen sich die Jahre der zwischen 1806 und 1813 von Napoleon I. gegenüber England verhängten Kontinentalsperre für viele Chemnitzer Betriebe als besonders günstig, weil die damit verbundene Handelsblockade durch die jahrelange Ausschaltung britischer Konkurrenz der Textilwarenproduktion am Ort zu ungeahnten Absatzsteigerungen verhalf. Eine gegenteilige Entwicklungstendenz offenbarte sich dann freilich nach dem Ende der Befreiungskriege, als zahlreiche Staaten des 1815 gegründeten Deutschen Bundes zeitweise zu protektionistischen Wirtschaftsförderungsmaßnahmen übergingen. Die meisten Chemnitzer Manufakturbetriebe stellten daraufhin bis zum Ende der 1830er-Jahre ihre Tätigkeit ein oder stellten sie auf maschinelle Fertigungsweisen um – und trugen damit einem generellen Wandlungsprozess von der Manufaktur zur Fabrik Rechnung. Schon ab 1798 arbeitete die erste mechanisch-maschinell betriebene Baumwollspinnerei

Sachsens, das Unternehmen der Gebrüder Bernhard, im Chemnitzer Vorort Harthau. Und es war kein Geringerer als Johann Wolfgang von Goethe, der sich Ende September 1810, ausweislich seiner Tagebücher, durch eine Besichtigung dieses Betriebs von dem für ihn als epochemachend empfundenen Prozess der beginnenden Industriellen Revolution in Sachsen einen persönlichen Eindruck zu verschaffen versucht hatte.

Der bedrohlichen Produktionsüberlegenheit der englischen Fabrikindustrie begegneten findige Chemnitzer Textilunternehmer durch einen dreisten Akt ungehemmter Industriespionage: Trotz strenger englischer Kontrollmechanismen gelang es ihnen nicht nur, sich Modelle modernster englischer Spinnmaschinen zu verschaffen, sondern darüber hinaus auch englische Spezialisten nach Chemnitz zu verpflichten. Diese sorgten dort für eine sachgerechte Handhabung der neuen Maschinen. Der erfolgreichste dieser ausländischen Wirtschaftspioniere war der aus Wales stammende Mechaniker und Erfinder Evan Evans (1765–1844), der 1802 die technische Leitung der Bernhardschen Spinnerei übernommen hatte und danach, ab 1807, eine der ersten sächsischen Maschinenbauwerkstätten für Spinnereieinrichtungen betrieb, zunächst im Vorort Dittersdorf, später im Erzgebirgsörtchen Geyer. Mit alledem begann die erste Phase der Industriellen Revolution in Sachsen – und Chemnitz kam bei diesem Eintritt des Kurfürstentums in das Fabrikzeitalter die unbestrittene Vorreiterrolle zu.

Im Zeitalter der Industrialisierung: 1800–1870

Das Stadtbild verändert sich

Der Beginn des Industriezeitalters setzte neue Akzente im Stadtbild. Zwar blieb der historische Kern mit seinen Straßenverläufen erhalten. Das Wachstum begann vor allem vor den städtischen Befestigungstoren, die nacheinander abgetragen wurden – bis auf den Roten Turm, der als Gefängnisbau weitergenutzt, im Zweiten Weltkrieg stark beschädigt, jedoch ab 1957 wiederhergestellt wurde und heute das einzig noch erhaltene mittelalterliche Baudenkmal im engeren Stadtbereich bildet. Ackerflächen wurden in Bauland umgewandelt, auf denen die ersten Fabrikanlagen entstanden, zunächst noch die Nähe zum Chemnitzfluss suchend, denn die frühen Maschinen bedurften des Antriebs mit Wasserkraft. Ab Mitte der 1830er-Jahre erfolgte dann die allmähliche Umstellung auf Dampfkraft.

Dabei hielt sich das mit der Frühindustrialisierung verbundene Bevölkerungswachstum vorerst in engen Grenzen. Die Einwohnerzahlen stiegen von 10.500 (1800) über 13.200 (1810) auf 15.700 (1830). Erst ab 1850 – man zählte damals 31.400 Einwohner – setzte eine merkliche Vermehrung ein. Den trotz aller beginnenden industriellen Wandlungsprozesse noch immer recht beschaulichen Charakter des Ortes schilderte der fränkische Schulinspektor Christoph Friedrich Jacobi in seiner 1836 in Nürnberg erschienenen *Historisch-pädagogischen Reise nach Sachsen und einem Theile von Preussen*. Chemnitz sei zweifellos »die erste Fabrikstadt des ganzen Königreichs Sachsen ..., zählt jetzt innerhalb der Mauern bei tausend, zum Theil sehr schöne Häuser, ... hat ansehnliche Vorstädte; und seine Fabriken in Tuch, Halbseide und besonders Baumwolle sind so bedeutend, daß die Baumwollenfabriken mit den großen Spinnmaschinen ... allein jährlich für zwei Millionen Thaler Waaren liefern. Auch Strumpffabriken sind hier, eine Türkisch-Garn-Färberei

Blick auf Chemnitz von Südwesten. – Druck, um 1840.

und große Bleichen«. Trotz solcher Einschätzungen präsentierte sich die Stadt – im Vergleich mit Dresden, Leipzig oder auch mit Freiberg – bis weit ins erste Jahrhundertdrittel als ein gewerbereiches Ackerbürger- und Handwerkerstädtchen ohne besonders herausragende Attraktionen. Den Eindruck Jacobis bestätigten zahlreiche zeitgenössische lithographische Darstellungen der Stadt und ihrer Umgebung.

Anfänge kommunaler Selbstverwaltung

In merklichem Kontrast zu den seit Beginn der 1850er-Jahre verstärkt gegebenen demographischen, infrastrukturellen und ökonomischen Wachstumsperspektiven gerade des Chemnitzer Raums stand die politische Entwicklung Sachsens. Die Staatsführung des seit 1806 als Königreich firmierenden Landes steuerte nach 1815 einen konsequent restaurativen Kurs, und sie bevorzugte eine spätabsolutistische Regierungspraxis, die dem zunehmend vom Liberalismus geprägten Zeitgeist mehr und mehr entgegenstand. Der Reformstau kam 1830 auch in Sachsen zur Entladung, als sich im Gefolge der Pariser Julirevolution nach dem Sturz des dortigen Bourbonen-Königtums Proteste regten und Unruhen das Land erschütterten, die in Chemnitz zur Erstürmung von Amtsgebäuden und Polizeistuben führten. Königtum und Bürokratie indes lenkten ein und brachten das Land auf Modernisierungskurs, dem sich, neben dem Erlass einer Verfassung mit Zensuswahlrecht 1831, zahlreiche liberale Reformgesetze verdankten.

Wie für alle größeren sächsischen Kommunen war auch für Chemnitz die in diesem Zusammenhang im Februar 1832 eingeführte Allgemeine Städteordnung maßgeblich. Unterlagen die sächsischen Städte bisher unmittelbar der Kontrolle der Dresdner Zentralbehörden, so erhielten sie nun weitgehende Selbstverwaltungsbefugnisse. Das galt vor allem für die Handhabung der Finanzen und für Vorhaben im infrastrukturellen Bereich. Zudem erfuhren die Zugangsmodalitäten zum Stadtrat eine Erweiterung. Dessen Mitglieder wurden nun von den Stadtverordneten gewählt, welche den im Prinzip auf Lebenszeit amtierenden Bürgermeister bestimmten. Die sächsische Regierung konnte ihn hinfort nur noch in seinem Amt bestätigen, nicht jedoch, wie bisher, eigene Kandidaten einsetzen. Die Stadtverordneten wiederum – insgesamt 27 unbesoldet tätige Ratsmitglieder – wurden von der Bürgerschaft durch 300 Wahlmänner für die Dauer von drei Jahren gewählt. Das war ein umständliches, indirektes und vielfach abgestuftes Verfahren. Zudem war das Kommunalwahlrecht damals an besondere Bedingungen geknüpft. Wählen durfte nur, wer ein gesichertes Einkommen besaß, einen Gewerbebetrieb führte oder Grundbesitz vorweisen konnte. So kam es, dass die im März 1831 noch vor offizieller Inkraftsetzung der neuen Städteordnung erstmals gewählte Stadtverordnetenversammlung lediglich von knapp 13 % der Einwohnerschaft beschickt werden konnte. Erst 1873 brachte die Revidierte Städteordnung eine Ausweitung des allerdings weiterhin an ein bestimmtes Steueraufkommen geknüpften Kommunalwahlrechts, nun verbunden mit der Einführung des Amtes eines Oberbürgermeisters.

Neue Impulse für Bildung und Kultur

War es Zufall, dass in Chemnitz – wenige Jahre bevor das staatliche Schulgesetz von 1835 jede sächsische Gemeinde zum Unterhalt eines Schulgebäudes und zur regelmäßigen Besoldung eines staatlich examinierten Lehrers verpflichtete – 1831 die *Allgemeine Bürgerschule* eröffnet wurde? In bescheiden klassizistischer Formensprache vom städtischen Ratsbaumeister Johann Traugott Heinig (1796–1841), dem bedeutendsten Chemnitzer Architekten der ersten Jahrhunderthälfte, entworfen, diente der Bau hinfort als Ausbildungsstätte für Kinder aller Stände zwischen dem 6. und 14. Lebensjahr – seit 1835 war der Schulbesuch im Königreich Sachsen obligatorisch. Da die Adepten für die Dauer ihrer achtjährigen Volksschulzeit in keinerlei Lehr- und Ausbildungsverhältnis eintreten durften, erwies sich das Schulgesetz, zumindest theoretisch, als präsumtiver Schutz gegen jede Form von Kinderarbeit, wie sie gerade in Chemnitz mit seiner zunehmenden Fabrikdichte naheliegen mochte. Während die *Allgemeine Bürgerschule* unter der umsichtigen Leitung ihres ersten, bis 1857 amtierenden Direktors, des Theologen Lebercht Traugott Pomsel (1780–1859), zu einer produktiven und geschätzten Lehranstalt gedieh – Pomsel engagierte sich auch verbandspolitisch als Gründer der *Pädagogischen Gesellschaft zu Chemnitz* 1831 (ab 1849: *Pädagogischer Verein zu Chemnitz*; ab 1919: *Chemnitzer Lehrerverein*) –, etablierte sich das Höhere Schulwesen in der Stadt erst relativ spät. 1857 nahm die Städtische Realschule (Höhere Bürgerschule/Realgymnasium) ihre Ausbildungstätigkeit auf. An ihr wirkte von 1860 bis 1865 der später in Österreich-Ungarn zu Ruhm und Ansehen gelangende Schulreformer Friedrich Dittes (1829–1896). Ein Humanistisches Gymnasium gab es seit 1868, eine Realschule wurde 1893 eröffnet.

Im Mai 1836 erfolgte ein weiterer entscheidender Schritt auf dem Weg zur Formierung der Chemnitzer Bildungslandschaft: die Gründung der *Königlichen Gewerbschule*, deren Lehrbetrieb damals mit zunächst 14 Schülern startete. Der Schwerpunkt lag von Anfang an im technisch-naturwissenschaftlichen Bereich, die Anstalt diente primär der Ausbildung kompetenter

Fachkräfte für die aufstrebende Industrie, umfasste aber auch Unterrichtsfächer wie beispielsweise Zeichnen und Deutsch. Während des fortschreitenden 19. Jhs. gewann die *Königliche Gewerbschule*, bei kontinuierlichem Ausbau ihres Lehrangebots, den Ruf einer der renommiertesten technischen Bildungsstätten in Deutschland. Sie firmiert heute, nach mancherlei Formwandlungen im 19. und 20. Jh., als *Technische Universität Chemnitz* mit (2018) sieben Fakultäten, etwa 160 Professuren und über 11.000 Studierenden.

Gemessen an den merklichen Defiziten des 18. Jhs. entwickelte sich in den Jahren des Vormärzes, zwischen 1830 und 1848, in Chemnitz ein zunehmend facettenreicheres kulturelles Milieu. Lehrkräfte und Zöglinge der Gewerbschule, aufstrebende Unternehmer und Fabrikanten, alteingesessene Handwerker und Gewerbetreibende bildeten ein aufnahmebereites Publikum für entsprechende Aktivitäten. Kommunikationsmöglichkeiten zu deren Entfaltung eröffnete, neben und nach dem bis 1826 verlegten *Chemnitzer Anzeiger*, mit dem *Chemnitzer Tageblatt und Anzeiger* ein ab 1850 täglich erscheinendes Blatt. Ein seit 1827 bestehender *Literarischer Verein* bediente die Bedürfnisse lesefreudiger Bürger, wobei hier zunächst, der atmosphärischen Gemengelage der Stadt entsprechend, die Pflege naturwissenschaftlich-technischen Schrifttums gegenüber belletristischen Werken dominierte. Das änderte sich erst allmählich seit Etablierung einer öffentlichen Bibliothek, die 1869 als Studienbücherei eröffnet werden konnte, nachdem der Zschopauer Textilunternehmer und bibliophile Philanthrop Jacob Georg Bodemer (1807–1888) umfängliche eigene Buchbestände und erhebliche Geldmittel als Stiftungskapitalien zur Verfügung gestellt hatte. Freilich bedurfte es noch mehrerer Jahrzehnte, bis die davon ausgehenden Impulse breitere Kreise des städtischen Publikums erreichen sollten.

Rascher als das literarische Leben entfalteten sich in Chemnitz die beiden anderen Felder bürgerlicher Hochkultur. Vorbereitet durch eine seit 1817 aktive Singakademie begann 1833 die Erfolgsgeschichte des zunächst als *Stadtmusikkorps* firmierenden Städtischen Orchesters. Es vermochte unter der Leitung seines bis 1861 amtierenden ersten Direktors, des Komponisten

Das 1838 eingerichtete, 1945 zerstörte *Städtische Schauspielhaus* diente bis 1909 zugleich auch als Opernbühne. – Fotografie von 1925.

und Klarinettisten Wilhelm August Mejo (1791–1886), trotz finanziell nicht eben opulenter Ausstattung, durch ambitionierte Aufführungen bald eigene Akzente im Chemnitzer Musik- und Konzertleben zu setzen. Wer an Schauspiel und Drama interessiert war, konnte sich seit 1838, nach Einweihung des ersten Theaterbaus, an Stücken vorwiegend leichteren Genres erfreuen. Das Gebäude – Vorläufer des heutigen Städtischen Theaters und des Opernhauses – war von Heinig, dem bereits genannten Architekten der *Allgemeinen Bürgerschule* von 1831, in spätklassizistischer Manier entworfen worden und bot Platz für fast 1000 Zuschauer. Nach mehrfachen Umbauten und Erweiterungen im 20. Jh. wurde es 1945 vollständig zerstört. Das heutige Schauspielhaus Chemnitz entstand in seiner jetzigen Gestalt erst 1980 an anderem Ort.

Die Liebhaber der Bildenden Kunst hatten sich 1841 in einem locker gefügten Freundeskreis zusammengefunden, der allerdings erst 1860 im Verein *Kunsthütte* (*Verein von Chemnitzer Künstlern und Kunstfreunden*) eine dauerhafte organisatorische Plattform finden sollte. Der Verein entfaltete in der Folgezeit rege Vortrags-, Ausstellungs- und Sammlungsaktivitäten, genoss die finanzielle Förderung führender Chemnitzer Industrieller und bildete damit den Ausgangspunkt für die späteren (und

MUSIK IN CHEMNITZ

Das Chemnitzer Musikleben begann mit dem Gregorianischen Choral im Benediktinerkloster auf dem Schlossberg. Doch der Musikstil wechselte bald: Tänze für höfische Feste kamen zusehends in Mode, die neue mehrstimmige Musik gab den Ton an. In der Stadt entstanden kleine Kapellen, das Bürgertum förderte maßgeblich die Chemnitzer Musik, nicht zuletzt in Ermangelung landesherrlicher Bemühungen. Das 19. Jh. veränderte erneut den Musikgeschmack. Mit der forcierten Industrialisierung wurde der Anteil von Arbeitern an der Gesamtbevölkerung größer, sodass mehr weltliche Gesangsvereine entstanden. Wohlhabende Familien unterstützten Aufführungen im alten, 1838 eingeweihten Stadttheater, das bis 1909 als Ort für Oper und Schauspiel, bis 1945 als Städtisches Schauspielhaus firmierte.

Breiten Zuspruch erfuhren darüber hinaus die Konzerte im *Kaufmännischen Vereinshaus* (1901–1945). 1902 wurde das *Central-Theater* eingeweiht, das 2000 Zuschauern Platz bot, vor allem für Operette und Varieté. 1907 übernahm der Stadtrat den Stadtmusikchor in städtische Obhut. Max Pohle (1852–1909), der schon seit 1889 als städtischer Kapellmeister amtierte und früh dafür sorgte, dass die Werke damals umstrittener Komponisten wie Anton Bruckner, Gustav Mahler oder Richard Strauß in Chemnitz aufgeführt wurden, erhielt nun seine wohlverdiente Festanstellung.

Alle Musik überstrahlte dabei diejenige Richard Wagners, dessen Musikdramen einen festen Bestandteil im Opernrepertoire bildeten. 1919 wurde der zuvor schon als Kapellmeister tätige Oskar Malata Generalmusikdirektor und verhalf dem Haus zu erneutem Glanz, ebenso wie Anton Richard Tauber als Generalintendant seit 1912. Bis 1933 galt Chemnitz als Stadt der modernen Musik, wie etwa Gastdirigate Paul Hindemiths verraten.

Am 5. März 1945 fielen alle großen Chemnitzer Häuser den Bomben zum Opfer. Die Oper wurde durch engagierten Aufbauwillen 1951 mit Ludwig van Beethovens *Fidelio* wieder eingeweiht. Während Wagners *Walküre* in der Presse als nicht der »sozialistischen Erneuerung« dienlich kritisiert wurde, fand sein *Rienzi* 1952 breite Zustimmung, da angeblich das »Volk« im Mittelpunkt der Handlung stand. Ausdruck sozialistischen Musikverständnisses waren die *Zweiten Arbeiterfestspiele* der DDR in Karl-Marx-Stadt 1960.

> Erst mit der Zeit von Oleg Chaetani (* 1956) als Generalmusikdirektor ab 1996 kam der *Ring des Nibelungen* wieder auf den Spielplan – eine neue Inszenierung war 2018 zu erleben. Gibt es ein »Sächsisches Bayreuth«? Auf jeden Fall hat sich das Musikleben der Stadt pluralisiert, Popularmusik findet in der Stadthalle ihren Platz, Freiluftkonzerte erfreuen abendliche Hörer auf dem Markt, dem Theaterplatz und beim benachbarten Wasserschloss Klaffenbach.
>
> Sebastian Liebold

heutigen) *Städtischen Kunstsammlungen*. Es war ebenso Ausdruck wie Folge aller dieser kulturellen Unternehmungen, dass nun auch, zeitversetzt, die beiden ersten ambitionierten Beschreibungen der Stadt in Chemnitzer Verlagen veröffentlicht wurden: Christian Gottfried Kretschmars topografisch-historischer Abriss *Chemnitz wie es war und wie es ist* (1822) und die mit statistisch-historischen Erläuterungen versehene Lithographiensammlung *Sachsen in Bildern* (1841) aus der Feder des im Chemnitzer Raum tätigen Textilunternehmers Friedrich Georg Wieck (1800–1860), der sich darüber hinaus, unter anderem durch sein seit 1834 in Chemnitz erscheinendes *Gewerbeblatt für Sachsen*, mit Veröffentlichungen zu Fragen technisch-industrieller Produktion in der Region einen Namen zu machen wusste.

Forcierte Industrialisierung

Bewegten sich die Chemnitzer Entwicklungen im Bereich von Kultur, Gelehrsamkeit und Bildung in der ersten Jahrhunderthälfte trotz manch beachtlicher Anstöße auf unspektakulären, vergleichsweise eher bescheidenen Bahnen, so gewann die Stadt ab Mitte der 1830er-Jahre auf wirtschaftlichem Gebiet mit geradezu atemberaubender Geschwindigkeit an Gewicht. Einen ersten, allseits sichtbaren Ausdruck dieses Entwicklungstrends bot die Gründung des *Industrievereins für das Königreich Sachsen* mit Sitz in Chemnitz Anfang April 1829. Der von einem neunköpfigen Direktorium geleitete Verein – eine der ersten industriellen Interessenvertretungen und Lobby-Organisationen im modernen Sinn – hatte als Ziel, das wirtschaftliche Fortkommen des Landes zu befördern und zur Schaffung der dafür erforderlichen infrastrukturellen Rahmenbedingungen beizutragen. Bereits im Folgejahr zählte er über 300 Mitglieder aus sämtlichen größeren Industriestädten der Region. Unter ihnen befanden sich fast alle namhaften sächsischen Fabrikanten – neben Wieck auch der rührige Textilunternehmer und spätere Landtagsabgeordnete Peter Otto Clauss (1787–1872), dem die Stadt zahlreiche Impulse zur Wirtschaftsförderung verdankte. Der *Industrieverein* plante und organisierte in der Folgezeit – nach dem Vorbild des bereits seit 1821 im Königreich Preußen aktiven *Vereins zur Beförderung des Gewerbefleisses* – zahlreiche Ausstellungen. Darüber hinaus diskutierte er so unterschiedliche Themenkomplexe wie die Regulierung der Sonntagsarbeit, die Verbreitung technischer Bildung oder die Neufassung der Gewerbeaufsicht. Nicht zuletzt beriet er Regierungsstellen in Handels-, Zoll- und Steuerangelegenheiten.

Durch den Beitritt Sachsens zum Deutschen Zollverein 1834 entfielen für alle handel- und gewerbetreibenden Bürger des Königreichs die bisher vielfach abzuleistenden binnendeutschen Durchgangszölle. Für die Chemnitzer Industrie- und Fertigwarenprodukte ergab sich dadurch ein erheblich erweiterter freier Marktzugang. Zugleich förderte die sächsische Regierung den Eisenbahnbau – nach Übernahme der meisten privaten Bahngesellschaften in staatliche Regie entstanden in rascher Folge überregionale Fernverbindungen. Chemnitz erhielt mit Eröffnung der Bahnstrecke nach Riesa 1852 *(Chemnitz-Riesaer-Eisenbahn)* einen zumindest indirekten Anschluss an Leipzig und Dresden und von dort aus weiter zu den grenzüberschreitenden Fernstrecken von Sachsen nach Bayern bzw. nach Böhmen. Bis zum Ende der 1850er-Jahre war die Stadt fest in das immer dichter geknüpfte südwestsächsische Schienennetz einbezogen; 1854 wurde das neue Bahnhofsgebäude in Betrieb genommen.

Mit alledem waren die verkehrstechnischen Voraussetzungen für den Export Chemnitzer Industrieerzeugnisse und damit für deren außergewöhnlich schnellen Produktionsanstieg in den folgenden Jahrzehnten geschaffen. Chemnitz und sein

Einzugsfeld, das vom Erzgebirgsraum bis zum mittelsächsischen Bergland reichte, wurden nun zum unbestrittenen Zentrum der beiden für den Durchbruch der Industriellen Revolution in Sachsen maßgeblichen Leitbranchen: der Textilwarenherstellung und des Werkzeugmaschinenbaus. 1846 kam immerhin bereits die Hälfte der knapp 200 in Sachsen laufenden Dampfmaschinen aus Chemnitzer Betrieben. Nach und neben Berlin spielte die Stadt bis zur Mitte der 1860er-Jahre in dieser Hinsicht eine deutschlandweit führende Rolle, was durch die Entdeckung reichhaltiger Steinkohlevorkommen in der Region ab 1830 nachhaltig befördert wurde. Zwischen 1850 und 1860 entstammten über 10 % der auf dem Gesamtterritorium des Deutschen Bundes zu Tage gebrachten Steinkohleerträge dem Revier zwischen Chemnitz, Oelsnitz und Zwickau.

Die sächsische Regierung hatte an dieser rasanten Aufwärtsentwicklung einen nicht unwesentlichen Anteil. Seit Beginn der 1830er-Jahre flossen erhebliche Finanzmittel in die Subventionierung privatwirtschaftlicher Unternehmungen. Der Staat half mit Kreditvergaben, Vorschüssen und Prämien, gelegentlich auch mit Maschinenschenkungen, wovon die Betriebe zahlreicher Chemnitzer Industriepioniere profitierten. Als der Leipziger Publizist, Buchhändler und Verleger Karl Ferdinand Philippi (1795–1852) auf seinen *Wanderungen durch das sächsische Erzgebirge* zu Beginn der 1840er-Jahre »Sachsens erste Fabrikstadt« erreichte, vernahm er schon aus der Ferne »das Sausen des Weberschiffes, das Rollen der Walzen, das Schnurren der Spinnereien und Garnbereitungsmaschinen. – Der zweite und dritte Mensch, der von daher kam, oder dorthin ging, war ein Färber, Kattundrucker, Strumpfwirker, – oder doch sonst Einer, dem das Fabrikwesen Beschäftigung gab.«

Ausgangspunkt des industriellen Aufstiegs in der Stadt war, kaum verwunderlich, die dort seit Jahrhunderten domminierende Textilbranche. Der Bau von Spinnereimaschinen begann in Chemnitz 1826 durch Carl Gottlieb Haubold (1778–1856). Dessen 1836 gegründete *Sächsische Maschinenbau-Compagnie* bildete eine Art Keimzelle für fast alle nachfolgenden Unternehmungen auf dem Gebiet der Web- und Textilmaschinentechnik. Die meisten später erfolgreichen Chemnitzer Fabrikgründer hatten bei Haubold ihre Lehr- und Lernjahre verbracht, viele waren darüber hinaus auch familiär miteinander verbunden. Den Schritt zum allgemeinen Werkzeugmaschinenbau vollzog der in den 1830er-Jahren aus Ungarn zugezogene Schlosser Johann (von) Zimmermann (1820–1901). Die von ihm am Ort 1848 errichtete Fabrik firmierte als die erste ihrer Art in ganz Kontinentaleuropa, nur Großbritannien war damals beim Bau von Werkzeugmaschinen führender. Im selben Jahr konnte ein anderer Chemnitzer Neubürger, der aus dem Elsass zugewanderte Ingenieur Richard Hartmann (1809–1878), einen für die Folgezeit vielleicht noch größeren Produktionserfolg verbuchen: Wenige Tage vor Ausbruch der revolutionären Märzunruhen 1848 verließ die erste Dampflokomotive die Werkstore seiner seit 1837 bestehenden Spinnerei- und Textilmaschinenfabrik. Das kühne Gefährt – es trug den programmatischen Namen »Glückauf« – überzeugte im Design ebenso wie in Leistungskraft und Zuverlässigkeit, sodass Hartmanns *Sächsische Maschinenfabrik* in Chemnitz zum Hauptlieferanten der Königlich Sächsischen Staatseisenbahnen aufstieg und lukrative Exportmärkte zu erobern vermochte. Bis zum Beginn der Weltwirtschaftskrise am Ende der 1920er-Jahre produzierte der Hartmannsche Betrieb in Chemnitz fast 4.700 Lokomotiven, die weltweit vertrieben und ausgeliefert wurden.

Beflügelt durch die Erfolge Haubolds, Zimmermanns, Hartmanns und befördert durch die Bestimmungen der allerdings erst 1861 erlassenen Sächsischen Gewerbeordnung, die das Handwerk von allen traditionellen Zunftbindungen befreite, entstanden in der Region Dutzende neuer Maschinenbaubetriebe. Zwar gingen viele von ihnen nach oftmals nur sehr kurzer Lebensdauer wieder ein, doch beherbergte die Stadt in den 1860er-Jahren bereits deutschlandweit die meisten Unternehmen dieser Art. Sie verwiesen den bis dahin vorrangigen Textilsektor auf den zweiten Platz. Stark und leistungsfähig blieb diese einstmals führende Branche indes weiterhin. Das war nicht zuletzt ein Verdienst des aus Plauen stammenden Chemnitzer Konstrukteurs Louis Schönherr (1817–1911), dem, ausgebildet bei Haubold und bei Hartmann, 1840 die Erfindung des fabrikmäßg herzustellenden mechanischen Tuchwebstuhls

HINTERGRUND

CHEMNITZER INDUSTRIELLE

Chemnitz war im 19. Jh. Wiege und Zentrum des deutschen Werkzeugmaschinenbaus. Die Väter dieses Chemnitzer Industriezweiges hießen Carl Haubold, Richard Hartmann und Johann von Zimmermann.

Haubold war sowohl Unternehmer als auch in der Politik tätig. Er leistete entscheidende Beiträge zur Verbesserung der Gesetzgebung in gewerblichen Angelegenheiten. Seit 1811 unternahm er Versuche zur Herstellung einer Schlagmaschine, von der er in kurzer Zeit 40 Stück produzieren konnte. Der Erfolg war groß. Damals war die manuelle Wollklopferei üblich. Im Vergleich dazu galt das neu entwickelte Verfahren als Fortschritt. Später baute Haubold sein Unternehmen zur Fabrik mit arbeitsteiligen Herstellungsprozessen aus.

Ein ebenfalls in dieser Richtung aktiver Chemnitzer Industrieller war Hartmann, der aus Barr im Elsass stammte. Er war Haubolds Schüler und begann seine Karriere 1837 zunächst mit der Reparatur, bald auch mit dem Bau von Baumwollspinnmaschinen. Der Nachwelt ist er vor allem als Lokomotivenkönig bekannt, seine Tätigkeit umfasste aber auch zahlreiche andere Sparten – so die Produktion von Dampfmaschinen, Webstühlen, Spinnmaschinen, Werkzeugmaschinen, Hobel- und Schmiedearbeiten sowie Auftragswerke auf dem Gebiet der Tischlerei und der Gießerei.

Als dritter Pionier gilt Zimmermann. Er vollzog den Übergang vom Manufakturstatus zur Massenproduktion. Der erste serienmäßige Bau von Werkzeugmaschinen brachte ihm eine große Zahl von Aufträgen, Maschinen aus seiner Fabrik wurden bald auf allen bedeutenden Messen innerhalb und außerhalb Deutschlands ausgestellt. Sein größter Erfolg war die Auszeichnung mit der Goldmedaille auf der Londoner Weltausstellung von 1862.

Marcin Byczko

glückte. 1851 ging *Schönherrs Fabrik* (ab 1872: *Sächsische Webstuhlfabrik*) in die Serienproduktion und fertigte bis zum Jahrhundertende über 70.000 mechanische Webstühle, die sich, neben dem Lokomotivenbau, zu einem weiteren weltweiten Exportschlager entwickelten. Größere Teile der ausgedehnten Fabrik-

Richard Hartmanns 1837 gegründete *Sächsische Maschinenfabrik*. – Druckgrafik, um 1880.

anlagen sind erhalten geblieben und dienen heute unter anderem als Erlebniszentrum *(Schönherrfabrik)*, mit Kunstgalerien, Ateliers, gastronomischen und gewerblichen Einrichtungen.

Soziale Wandlungen und Formierung der Arbeiterbewegung

Das Jahr 1848 hatte nicht nur Meilensteine in der Chemnitzer Unternehmensgeschichte gesetzt, sondern der Stadt darüber hinaus erhebliche politische Verwerfungen gebracht. Schon im Juli und August des Vorjahres war es, ausgelöst durch einen für unangemessen gehaltenen Anstieg der Brotpreise, zu Übergriffen auf Bäckereien in mehreren Stadtteilen gekommen. Im September 1848 gab es neuerliche Unruhen, die in gewalttätige Auseinandersetzungen mit dem Militär und in Barrikadenkämpfe einmündeten. Gemessen an den blutig verlaufenden Straßenschlachten, die im Mai 1849 anlässlich des Streits um die Anerkennung der Frankfurter Paulskirchenverfassung Dresden erschütterten, bewegten sich die Chemnitzer Erregtheiten in weitaus gemäßigteren Bahnen. Doch verwiesen die revolutionären Demonstrationen am Ort auf soziale Übelstände und auf wirtschaftliche Notlagen der ärmeren Bevölkerungsgruppen, deren gewohntes Lebens- und Arbeitsumfeld sich im Gefolge fortschreitender Industrialisierung in den davon besonders betroffenen südwestsächsischen Gewerbegebieten erheblichen Veränderungen ausgesetzt sah.

Als einer der ersten Chemnitzer Bürger hatte sich Christian Gottfried Becker (1771–1820), Besitzer der damals größten ortsansässigen Kattundruck- und Baumwollspinnereien (*Becker & Schraps*), in den Jahren unmittelbar nach Beendigung der napoleonischen Kriege 1815 darum bemüht, durch karitative Gesten die Not städtischer Unterschichten zu lindern. Armenspeisungen, Getreideankäufe und Almosenvergabe gehörten zu den damals bedeutenden Hilfeleistungen des menschenfreundlichen Unternehmers. Ein städtisches Armenhaus existierte in Chemnitz schon lange bevor die sächsische Staatsregierung dies in der 1840 erlassenen Armenordnung jeder Gemeinde zur Pflicht machen sollte. Doch vermochten solche Maßnahmen die negativen Begleiterscheinungen der wirtschaftlichen Entwicklungsdynamik kaum abzufedern. Unter den Protestierenden von 1848/49 befanden sich nicht ohne Grund an erster Stelle Arbeiter aus der Hartmannschen Maschinenfabrik, die damals immerhin schon über 1.000 Beschäftigte zählte. Die vorgebrachten Forderungen richteten sich gegen niedrige Arbeitslöhne, überhöhte Arbeitszeiten und unbefriedigende Arbeitsbedingungen. Politische Emanzipationsforderungen der Arbeiterschaft waren hingegen noch deutlich nachgeordnet.

Im Umfeld der Revolutionswirren engagierten sich auch in Chemnitz zunächst vor allem Vertreter des lokalen Handwerker- und Fabrikantentums für die Anliegen der Arbeiterschaft. Franz Xaver Rewitzer (1798–1869) wirkte in diesem Sinne als Stadtverordnetenvorsteher und linksliberaler Landtagsabgeordneter, sein Kollege Bernhard Eisenstuck (1805–1871), einer der Promotoren des Chemnitzer Eisenbahnbaus, entfaltete hier ebenfalls als Stadtverordnetenvorsteher und linksliberaler Abgeordneter der Frankfurter Nationalversammlung 1848/49 rege Aktivität. Seit Beginn der 1860er-Jahre formierten sich die Chemnitzer Arbeiter und die Beschäftigten in der südwestsächsischen Industrie- und Gewerberegion dann aber zunehmend selbst. Bei der Gründung des *Allgemeinen Deut-*

schen Arbeitervereins (ADAV) – der ersten politischen Arbeitervertretung auf deutschem Boden, aus der später die Sozialdemokratische Partei Deutschlands (SPD) hervorgehen sollte –, die Ende Mai 1863 in Leipzig vollzogen wurde, war noch kein Arbeiterkomitee aus Chemnitz zugegen. Doch danach entwickelte sich die Stadt, neben Leipzig, zum unbestrittenen organisatorischen Zentrum der Arbeiterbewegung in Sachsen.

Die hier zunächst dominierenden Anhänger des gemäßigten Parteigründers Ferdinand Lassalle wurden nach dessen frühem Tod 1864 durch das von Leipzig aus betriebene agitatorische Wirken der beiden marxistischen Matadoren Wilhelm Liebknecht und August Bebel zielstrebig verdrängt. Anders als Lassalle, der die Forderungen der Arbeiterschaft innerhalb der bestehenden bürgerlichen Gesellschaftsordnung durchsetzen wollte, strebten die beiden in einem zusehends erstarrenden Dogmatismus nach deren gewalttätigem Totalumsturz. Unter ihrer Mitwirkung avancierte Chemnitz im August 1866 zum Gründungsort der Sächsischen Volkspartei (SVP). Diese aus linksliberalen, radikaldemokratischen und sozialistischen Gruppierungen zusammengesetzte Formation verfocht, neben dem »unbeschränkten Selbstbestimmungsrecht des Volkes«, die »Einheit Deutschlands« auf republikanischer Grundlage und die »Befreiung der Arbeiter« von Bedrückung und Zwang. Bei den Wahlen zum Konstituierenden Reichstag des Norddeutschen Bundes im August 1867 errang die Partei drei Direktmandate. Für den Wahlkreis Chemnitz gelangte allerdings keiner ihrer Repräsentanten in das neue Bundesparlament, sondern mit dem Kupferschmiedemeister Friedrich Wilhelm Ernst Foesterling (1827–1872) der Vorsitzende des Lassalleschen Allgemeinen Deutschen Arbeitervereins (LADAV), einer Gruppierung, die sich kurzzeitig vom ADAV abgespalten hatte. Doch bereits drei Jahre später, nach dem Aufgehen großer Teile der SVP in der nun einem klar marxistisch-revolutionären Kurs verpflichteten Sozialdemokratischen Arbeiterpartei (SDAP) 1869, wurde Chemnitz im Juli 1870 zum Tagungsort der ersten sächsischen Landeskonferenz dieser neu gegründeten Partei. Seitdem war und blieb die Stadt eine der wichtigsten Bastionen der politischen Arbeiterbewegung in Deutschland.

Großstadt im neuen Reich: 1870–1914

Chemnitzer Gründerjahre

Nach dem Beitritt des Königreichs Sachsen zum Norddeutschen Bund 1867 und der Gründung des Deutschen Reiches 1871 – Chemnitz zählte damals knapp über 68.000 Einwohner – eröffneten sich für die Industriebetriebe der südwestsächsischen Gewerberegion ungeahnte Expansionsmöglichkeiten. Eine zunächst (bis 1878) freihändlerisch orientierte Handels- und Zollgesetzgebung des neuen Reiches verschaffte den ohnehin stark exportorientierten Textil- und Maschinenbauunternehmen zahlreiche Wettbewerbsvorteile. Der wirtschaftliche Aufschwung von Stadt und Land schlug sich in vielfachen Neugründungen nieder. Bis zur Jahrhundertwende stieg die Zahl der Gewerbebetriebe am Ort von etwa 200 auf bis zu 600 Firmen an. Alteingesessene Unternehmen waren bereits auf den Weltausstellungen von London (1862) und Paris (1867) präsent gewesen, nachdem seit 1862 die Chemnitzer Handels- und Gewerbekammer (heute: Industrie- und Handelskammer) als Interessenvertretung der ortsansässigen Unternehmerschaft ihre Lobbyarbeit aufgenommen hatte.

Wachstum, Blüte und Aufstieg der Stadt zu einer der größten Industriemetropolen im neuen Reich verdankten sich freilich nicht ausschließlich den Segnungen des industriellen Gewerbefleißes. Bis ins letzte Jahrhundertdrittel hinein blieben Heimarbeit und selbständige Hausweberei mit Bezahlung für die jeweils abgelieferte Ware weit verbreitete Formen handwerklicher Textilherstellung. Besonders in den umliegenden Dörfern – von Limbach über Oberlungwitz bis Neukirchen und Gelenau – wurde in Heimarbeit gefertigt. Zur Jahrhundertwende beschäftigte die (1719 begründete, seit 1870 in Chemnitz ansässige) Strumpfwarenfabrik Moritz Samuel Esche, damals unbestrittene Branchenführerin in ganz Deutschland, neben 500 Fabrikarbeitern immerhin

Das 1909 errichtete Neue Rathaus. – Historische Fotografie, um 1912.

über 2.500 Heimarbeiter. Seit Ende der 1850er-Jahre diskutierte man in interessierten Kreisen die Idee einer »Sammlung anziehender Erzeugnisse aus dem industriellen Gebiete, welche zur Belehrung für Schüler und Meister, zur Ansicht für Kenner und zur Freude für Freunde der Industrie aufgestellt werden« sollten – wie man im *Chemnitzer Tageblatt und Anzeiger* vom 31. März 1859 nachlesen konnte. »Denke man sich, daß wir ein solches Museum besäßen, … welch genugthuendes Gefühl müsste es in den Geschäftsnachfolgern erwecken, wenn sie zu jeder Zeit die Producte ihrer Vorfahren betrachten und sich dadurch zum weiteren Fortschritt auf dem Wege des Schaffens bestimmen lassen könnten!« Es dauerte indes noch weit über anderthalb Jahrzehnte, bis diese Idee realisiert werden sollte. 1877 erfolgte, einem reichsweit verbreiteten Trend entsprechend, die Eröffnung des *Gewerbemuseums*, dessen Bestände Chemnitzer Produkte aus Industrie und Kunsthandwerk präsentierten. Sie dienten als gestalterische Vorbilder und als Muster zur Geschmacksbildung für künftiges Industriedesign.

Industrie – Architektur – Stadtbild

Das industrielle Wachstum der Stadt nach 1870 verband sich mit einschneidenden städtebaulichen Veränderungen. Es entstanden zahlreiche Fabrikneubauten, die in ihrer Qualität Maßstäbe für die Entwicklung der Industriearchitektur in ganz Deutschland zu setzen vermochten. Als eines der ersten dieser Gebäude wurde ab 1858 die *Aktienspinnerei* errichtet. Das äußerlich eher schlichte Gebäude – es war aus Feuerschutzgründen vollständig aus Stein und Eisen konstruiert und besaß als erster Chemnitzer Betrieb einen eigenen Gleisanschluss zum Hauptbahnhof – galt damals als die modernste Fabrikanlage Sachsens; ihre erhaltenen Reste sollen, nach Um- und Ausbauten, 2019 als zentrale Universitätsbibliothek und Universitätsarchiv einer neuen Verwendung zugeführt werden. Der *Aktienspinnerei* folgten unzählige, zunehmend aufwendig gestaltete Bauten in zumeist historisierenden Mischformen, orientiert an Vorbildern aus dem Barock, der Klassik oder auch der Renaissance. Viele dieser Industriebauten aus der Chemnitzer Gründerzeit sind heute verloren und zerstört, kein einziger gründerzeitlicher Industriekomplex wird mittlerweile noch vollständig in seiner ursprünglichen Funktionsbestimmung genutzt. Ihre verbliebenen Restbestände indes bezeugen eindrucksvoll die schöpferische Produktivität und Leistungskraft einer Epoche, wie sie die Stadt wohl kaum jemals zuvor und mit Sicherheit niemals wieder danach erlebt hat. Es war die unbestritten beste Ära in ihrer Geschichte.

Im April 1873 war die Revidierte Städteordnung für das Königreich Sachsen in Kraft getreten. Sie hatte die Bestimmungen der Städteordnung von 1832 insofern modifiziert, als nun die Stadtverordneten von den wahlberechtigten Bürgern der Stadt direkt gewählt wurden. Das Wahlrecht blieb freilich noch immer an das Steueraufkommen gebunden, sodass auch in der Folgezeit bis zum Jahrhundertende kaum mehr als 8 bis 10 % der Bürger über die Zusammensetzung des Stadtrats entschieden. Die erste nach den Bestimmungen der Revidierten Städteordnung gebildete Stadtverordnetenversammlung traf 1875 eine weitreichende Entscheidung: Sie plädierte für eine

Die seit 1858 errichtete Chemnitzer *Aktienspinnerei* war die größte Textilfabrik Sachsens. Ihr Betrieb endete 1914.

komplette Überbauung des tradierten Stadtareals und nahm so die schon damals nicht unumstrittene Zerstörung historisch gewachsener Quartiere in Kauf. Das überlieferte Stadtbild wurde auf diese Weise nachhaltig verändert, zumal seit der Jahrhundertwende verstärkt Vororte eingemeindet wurden und das städtische Areal damit um ein Vielfaches anwuchs.

Nun entstanden, neben ersten Arbeiterwohnsiedlungen, ambitionierte kommunale Prestigebauten. Repräsentativ und bis heute stilbildend wirkten in diesem Sinne die 1909 vollzogene Errichtung des *König-Albert-Museums (Kunstsammlungen Chemnitz)* und des *Neuen Stadttheaters* (ab 1925: Opernhaus) sowie der 1911 vollendete Bau des *Neuen Rathauses*. Der Schöpfer aller drei Bauten Richard Möbius (1859–1945) war 1900 als Leiter des Städtischen Hochbauamtes nach Chemnitz berufen worden. In den nachfolgenden 25 Jahren seines Wirkens schuf er durch die umfassende Umgestaltung des Areals am Theaterplatz (bis 1922: Königsplatz) ein das Stadtbild bis heute prägendes Bauensemble. Beim Theaterbau – der im Zweiten Weltkrieg zerstörte Zuschauerraum bot Platz für 1.300 Gäste – griff Möbius in der Außengestaltung auf die Formensprache historischer Stilepochen zurück, Anklänge an Barock und Renaissance herrschten vor. Die Frontansicht des zeitgleich errichteten

Die historische Postkarte von 1914 zeigt das kurz zuvor entstandene Ensemble von *König-Albert-Museum, Neuem Theater* (Opernhaus) und Petrikirche am heutigen Theaterplatz.

König-Albert-Museums folgte ebenfalls weitgehend dem Formideal der Neorenaissance, das großzügig dimensionierte Gebäude musste immerhin Raum für die Verwahrung und Präsentation umfänglicher städtischer Sammlungen bieten: die Bestände des Vereins *Kunsthütte* (*Verein von Chemnitzer Künstlern und Kunstfreunden*, gegr. 1860), des *Vereins für Chemnitzer Geschichte* (gegr. 1872; heute: *Chemnitzer Geschichtsverein*), der Naturwissenschaftlichen Gesellschaft (gegr. 1859; heute: *Chemnitzer Museum für Naturkunde*) und des *Gewerbemuseums* bzw. des *Kunstgewerblichen Vereins Chemnitz* (gegr. 1877 bzw. 1884) mit seiner Vorbildersammlung historischer Textilien. Und auch der dritte große Repräsentationsbau der »Ära Möbius«, das *Neue Rathaus*, bis heute Tagungsstätte des Chemnitzer Stadtrates und Sitz der kommunalen Verwaltungsspitze, beeindruckte schon viele Zeitgenossen (und beeindruckt weiterhin) durch die Opulenz seiner wiederum im Stil der Neorenaissance gehaltenen Fassadengestaltung und vor allem durch seine künstlerische Innenraumausstattung. Den Stadtverordnetensaal bereichert seit 1918 das Monumentalgemälde *Arbeit – Wohlstand – Schönheit* von Max Klinger, das, mitten im Ersten Weltkrieg, als Auftragswerk

»Arbeit – Wohlstand – Schönheit«: Das 1,40 x 3,80 m große Wandgemälde von Max Klinger aus dem Jahr 1918 ziert den Stadtverordnetensaal im 1911 vollendeten *Neuen Rathaus*.

des Chemnitzer Textilindustriellen und bedeutenden Kunstmäzens Hermann Wilhelm Vogel (1841–1917) entstand.

Die städtebaulichen Wandlungen im fortschreitenden 19. und beginnenden 20. Jh. wurden wesentlich von der Bautätigkeit der evangelisch-lutherischen Landeskirche mitbestimmt. Mit der stetig anwachsenden Einwohnerzahl – Chemnitz war 1900 mit 29.000 Einwohnern / km² die am dichtesten besiedelte deutsche Großstadt – entstanden mehrere neue evangelisch-lutherische Kirchengemeinden mit jeweils zugeordneten Sakralbauten: 1888 die St. Petrikirche am heutigen Theaterplatz, 1895 die St. Markuskirche im Sonnenbergviertel, 1908 die Lutherkirche in Bernsdorf und ab 1913 die Kreuzkirche auf dem Kaßberg, die allerdings erst 1936 endgültig geweiht werden konnte. Der erste repräsentative katholische Kirchenbau wurde zwischen 1907 und 1909 mit der St. Josephskirche im Sonnenbergviertel errichtet; eine katholische Gemeinde gab es bereits seit 1828. Bis auf die Kreuzkirche folgten alle christlichen Gotteshäuser, dem zeitgenössischen Epochentrend entsprechend, neogotischen oder neoromanischen Formidealen und überstanden den Zweiten Weltkrieg relativ unbeschadet. Die jüdische Gemeinde

JUDEN IN CHEMNITZ

Nachdem Sachsen 1866 in den Norddeutschen Bund eingegliedert wurde, brachte dies den sächsischen Juden mehr Rechte und Freiheiten als zuvor. Der erste Jude, der im Dezember 1867 das Chemnitzer Bürgerrecht erwarb, betrieb ein Leinen- und Wäschegeschäft, womit er, wie viele seiner Zeitgenossen, im Textilgewerbe tätig war. Nach und nach folgten weitere Juden, vorwiegend aus Preußen, von denen ein erheblicher Teil Firmen in der westsächsischen Industriestadt gründete.

In den 1870er-Jahren ergab sich infolge der stetig wachsenden Zahl der Juden in Chemnitz die Notwendigkeit einer eigenen jüdischen Gemeinde, weshalb es im Jahr 1874 zur Gründung des provisorischen *Israelitischen Vereins* kam, der elf Jahre später in die offizielle *Israelitische Religionsgemeinde* mündete. Immer weiter wuchs die Zahl der Gemeindemitglieder, die das Bild der Stadt mitprägten und ihr 1899 mit der Synagoge auf dem Kaßberg eine architektonische Sehenswürdigkeit verliehen.

Der aus deutscher Sicht erfolglose Ausgang des Ersten Weltkriegs ließ auch in Chemnitz die Hetze gegen die zuvor gut integrierten, zumeist patriotisch gesinnten Juden als vermeintliche Schuldige an der Kriegsniederlage ansteigen. Die Folge war eine allmähliche Abgrenzung zwischen nichtjüdischer und jüdischer Bevölkerung, woraufhin sich immer mehr Juden dem Leitbild eines eigenen Volkes innerhalb des deutschen Staates verschrieben.

Nach 1933 verschlechterte sich die Situation der Juden rapide. Während der Reichspogromnacht am 9. November 1938 wurde die Synagoge in Brand gesteckt und wenig später abgerissen. Im Folgejahr wurde die *Israelitische Religionsgemeinde* zwangsaufgelöst. Lediglich der jüdische Friedhof in Altendorf blieb den Chemnitzer Juden zur damaligen Zeit erhalten. Er diente als letzter Rückzugsort, auf dem unter anderem die jüdischen Schulkinder unterrichtet und nur wenige Meter weiter das Gemüse für die Gemeindemitglieder angebaut wurden. Stark verwüstet und zum Abriss bestimmt, sicherte nur das Ende des Zweiten Weltkrigs das Fortbestehen des 1878 eingeweihten Friedhofs.

Seine erneute Inbetriebnahme war eines der ersten Projekte der im September 1945 neugegründeten Jüdischen Gemeinde

Die Alte Synagoge wurde 1899 eingeweiht und 1938 von den Nationalsozialisten zerstört. – Fotografie, um 1904.

Chemnitz. Die Einweihung des neuen Gemeindehauses auf der Stollberger Straße ließ bis ins Jahr 1961 auf sich warten. Ihr folgte im Jahr 2002 an selber Stelle die neue Synagoge. Heute zählt die Jüdische Gemeinde wieder mehrere hundert aktive Mitglieder.

Patrick Fanghänel

schließlich, die sich offiziell erst 1885 als *Israelitische Religionsgemeinde zu Chemnitz* für die ortsansässigen Juden konstituiert hatte, konnte 1899 die Einweihung ihrer Synagoge auf dem Kaßberg feiern. Der wiederum im neoromanischen Stil gehaltene Kuppelbau des Architekten Wenzel Bürger (1869–1946) bot Platz für fast 700 Gläubige. Zur Jahrhundertwende lebten, zumeist gut integriert in das gesellschaftliche Leben der Stadt, etwa 1.200 Juden in Chemnitz, was einem Anteil von etwa 0,5 % am Konfessionsstand der Chemnitzer Bevölkerung gleichkam, bei 93 % protestantischen und 5 % katholischen Bekenntnischristen. Durch Zuwanderung aus Osteuropa stieg die Zahl der Juden in Chemnitz seit 1914 merklich an – der Höchststand war 1924 mit etwa 3.500 jüdischen Bürgern erreicht.

Urbanisierung und kommunale Leistungsverwaltung

Mit Überschreitung der 100.000-Einwohner-Marke war Chemnitz 1883 in die Riege der deutschen Großstädte aufgerückt. Die rapide zunehmende Bevölkerungsballung (1890: 139.000 Einwohner, 1914: 320.000) blieb nicht ohne Folgen für die kommunale Infrastruktur. Das mit dem Industrialisierungsprozess eng verknüpfte Phänomen der Urbanisierung förderte die Entstehung von Versorgungseinrichtungen im Rahmen einer städtischen Leistungsverwaltung, deren Maßnahmen vom Wohnungsbau und von der Stadthygiene über die Installierung öffentlicher Gas- und Elektrizitätswerke bis hin zur Modernisierung des lokalen Straßen- und Straßenbahnnetzes reichten. Es entstanden Krankenhäuser und Heilanstalten, Abwasserkanalisationen und Schulneubauten, Omnibusverbindungen zu den umliegenden Orten, die Stadt glänzte darüber hinaus mit modernsten Warenhausneubauten (*Kaufhaus Tietz*, 1913), einer Pferderennbahn (1900) und repräsentativen Hotelpalästen (*Stadt Gotha*, 1902). Seit 1910 entfaltete der Chemnitzer Fremdenverkehrsverein eine rege Promotorentätigkeit im Dienst städtischer Tourismuswerbung.

Die Schattenseiten urbanen Lebens – Wohnungsknappheit, prekäre Hygieneverhältnisse in den ärmlicheren Ortsvierteln, hohes Krankheitsaufkommen infolge ungebremster Luft-, Natur- und Umweltverschmutzung – trafen die Einwohner der südwestsächsischen Fabrik-, Industrie- und Arbeiterstadt allerdings mit besonderer Wucht. Die in diesem Zusammenhang aufgekommene und lange Zeit geläufige Bezeichnung der Stadt mit den vielen Schloten, Essen und Schornsteinen als »Rußchemnitz« brachte die Probleme auf den Punkt. Eine sich an alledem entzündende Kritik regte sich damals freilich nur vereinzelt. Großstadtfeindliche Stimmen, wie sie bei den Verfechtern einer »naturgemäßen« Daseinsführung im Umfeld der Lebensreformbewegung vernehmlich wurden, gab es in Chemnitz kaum. Allenfalls die schon 1886 aus Stiftungsmitteln errichtete *Zimmermannsche Naturheilanstalt* – der Werkzeugmaschinenfabrikant Johann Zimmermann war ein überzeugter Anhänger der Naturheilbewegung und Förderer des 1868 gegründeten Naturheilvereins – bot einen bescheidenen Ansatzpunkt entsprechender Aktivitäten. Zu einem Zentrum der sächsischen Naturheilbewegung ist Chemnitz damit nicht geworden. Hingegen nahm das von verwandten Impulsen getriebene Kleingartenwesen in der Stadt damals einen mächtigen Aufschwung. Seine Individualparzellierung unbebauter Flächen, zunächst an der Peripherie platziert, aus der später das Zentrum werden sollte, prägt Teile des Stadtbildes bis heute.

Und auch die zur Jahrhundertwende in vielen Orten Deutschlands sichtbaren Aktivitäten der Gartenstadtbewegung fanden in Chemnitz einigen Widerhall. Die Idee der Gartenstadt verstand sich als Alternative zum Mietskasernenbau überfüllter Metropolen, deren hohen, beengten und ungesunden Architekturen niedrige, weiträumige und in die Natur eingebettete Bauten entgegengesetzt werden sollten. Die damit verbundene Etablierung eines als human und sozial verträglich empfundenen Wohnraums an der ländlichen Peripherie urbaner Zentren erstrebte nichts Geringeres als eine Totalrevision des Städtebaus. Zeitgleich zur Realisierung solcher Konzepte in den beiden Nachbarkommunen Dresden (Hellerau) und Leipzig (Alt-Lößnig) projektierte eine 1908 in Chemnitz gegründete Ortsgruppe der Deutschen Gartenstadt-Gesellschaft (*Gartenstadt-Genossenschaft Chemnitz*, bis 1912) die Errichtung von Reihenhäusern mit individueller Gartennutzung in »gesunder« Lage. Doch erst der von engagierten Arbeitervertretern 1911 ins Leben gerufenen *Allgemeinen Baugenossenschaft für Chemnitz und Umgebung* gelang ab 1913 der Bau einer Kleinhaussiedlung im (1900 eingemeindeten) Arbeitervorort Gablenz, die 1916, mitten im Ersten Weltkrieg, bezogen werden konnte.

HINTERGRUND

DER KASSBERG

Der erste Chemnitzer Bürger, den der Kaßberg mit seiner beschaulichen Lage in der Nähe des Flusses Chemnitz als Wohnort beeindruckte, war Johann Friedrich Stahlknecht (1810–1894), Lehrer an der 1831 begründeten *Allgemeinen Bürgerschule*. Bezaubert von der Örtlichkeit legte er 1855 den Grundstein für eine damals fernab von aller urbanen Betriebsamkeit platzierte »Villa im Grünen« – und schuf damit eine Basis für die Bebauung dieses neuen Stadtteils.

Der Kaßberg präsentiert sich, damals wie heute, als großbürgerliches Wohngebiet mit gründerzeitlichen Straßenzügen, zumeist viergeschossigen Bauten, den damals üblichen Mietskasernen ähnelnd, jedoch mit besserer Innenausstattung und einer repräsentativen Fassadengestaltung, die durch Portale, Ziergiebel und turmbekrönte Eckgebäude für sich einnimmt.

Im Innern der Häuser herrschen großzügige Wohnungszuschnitte vor, die Räumlichkeiten für den bürgerlichen Salon, aber auch für Dienstbotenkammern bereithielten, ohne die sonst gängigen Häuserkarrees mit ärmlichen Hinterhöfen. Hier wohnten Akademiker, leitende Beamte und Angestellte, Künstler, Ärzte, Anwälte und Großindustrielle der in Chemnitz etablierten Industriezweige.

Daher legte man auch Wert auf öffentliche Bauwerke besonderen Ranges. Es entstanden stattliche Amtsgebäude, allen voran Schulen, doch auch eindrucksvolle Gotteshäuser verschiedenster Konfessionen wurden errichtet. Die Wohnqualität dieses neuen Stadtteils wurde durch die Anlage kleiner Parks und Alleen gesteigert.

Entgegen einer weitverbreiteten Meinung dominiert auf dem Kaßberg nicht die Jugendstil-Architektur, sondern eine historisierende Mixtur aus Neo-Stilen des späten 19. Jhs. So bekamen die Gebäude des Königlichen Gymnasiums und der Oberrealschule ein an Renaissance-Fassaden erinnerndes palastartiges Aussehen. Die christlichen Kirchen trugen allesamt neogotische Züge, nur die Synagoge präsentierte sich im Stil der Neoromanik. Heute gehört der Kaßberg zu den attraktivsten und schönsten Wohnlagen der Stadt.

Ullrich M. Rasche

Als ein ausgesprochener Glücksfall für Chemnitz erwies sich im Rahmen gründerzeitlicher Entwicklungsperspektiven der von 1874 bis 1896 amtierende Oberbürgermeister Wilhelm André (1827–1903), der nicht nur bedeutsame Beiträge zum infrastrukturellem Fortkommen der Kommune leistete – etwa bei deren umfassender Versorgung mit Elektrizität und Trinkwasser –, sondern sich darüber hinaus auch als einer der Promotoren des deutschen Patentgesetztes von 1877 einen Namen machte. Vielleicht war es kein Zufall, dass sich die infolge dieses Gesetzes gleichsam unter staatlichen Schutz gestellte bürgerschaftliche Erfinderfreude während der letzten Jahrzehnte des 19. Jhs. in Chemnitz durch eine im Vergleich zum Reichsdurchschnitt sechsmal höhere Patentanmeldungsdichte manifestierte.

Bürgerlich und proletarisch geprägte Stadtteile schieden sich nun, in den Jahren vor und nach 1900, zusehends voneinander. Als repräsentatives Gründerzeitviertel gewann der Kaßberg seit den 1870er-Jahren den Rang eines großbürgerlichen Nobelquartiers, das durch die Qualität des Fassadenschmucks vieler seiner zumeist vierstöckigen Wohnhäuser auch heute noch für sich einnimmt. Künstlerischer Eklektizismus verband sich in den dort bis 1914 in reicher Zahl entstandenen Bauschöpfungen, wie damals vielerorts in Sachsen und im Reich, mit Formenvielfalt und Dekorationsreichtum und setzt ihre heute noch erhaltenen Überbleibsel in einen willkommenen städtebaulichen Kontrast zur späteren Öde sozialistischer Plattenbauten, aber auch zur Monotonie aktueller Glaskuben-Gehäuse.

Kultur, Bildung, Wissenschaften

Gemessen am Verhältnis von Einwohnerzahl und Steuereinkommen galt Chemnitz in den letzten 15 Jahren vor Ausbruch des Ersten Weltkriegs als wohlhabendste Stadt Deutschlands. Dies entsprach der generellen Rolle des Königreichs Sachsen, das – als flächenmäßig fünftgrößter deutscher Bundesstaat hinter den Königreichen Preußen, Bayern, Württemberg und dem Großherzogtum Baden – zu den am stärksten industrialisierten Regionen des Kaiserreichs gehörte. Die Bevölkerungsballung

Das 1930 errichtete Kaufhaus Schocken von Erich Mendelsohn, ein Meisterwerk moderner Architektur, beherbergt seit 2014 das *Staatliche Museum für Archäologie*.

war hier, nach derjenigen im Königreich Belgien, die höchste in ganz Europa, das Land besaß das dichteste Eisenbahn-, Städte- und Straßennetz im Reich und bot mit seinen florierenden Wirtschafts- und Handelszentren das Musterbild eines aufstrebenden Industriestaates. Mit dieser allseits raumgreifenden wirtschaftlichen Dynamik korrespondierte um die Jahrhundertwende auch in Chemnitz eine verstärkte künstlerische Kräfteformierung von langanhaltender Wirkung.

Maßgeblich gefördert durch den Arzt, Promotor der städtischen Gesundheitsfürsorge und Kunstmäzen Adolf Eberhard Thiele (1867–1933) bildete sich ab 1907 die *Künstlergruppe Chemnitz*. Ihr wohl prominentestes Mitglied war die Malerin und Grafikerin Martha Schrag (1870–1957), die durch Motive aus dem städtischen Industrie- und Arbeitsalltag von sich Reden machte. Der Maler und Grafiker Gustav Schaffer (1881–1937) überzeugte mit Holzschnitten und Plakaten, der Bildhauer Bruno Ziegler (1879–1941) trat ab 1924 vor allem als Schöpfer von Bauplastiken, Figurengruppen, Grabmalskulpturen und Kriegerdenkmälern hervor, die bis heute an zahlreichen Orten der Stadt und deren näherer Umgebung erhalten geblieben sind. Während alle drei genannten Künstler nach Chemnitz zuwanderten, dort lebten und starben, ging der expressionistische Maler Karl Schmidt-Rottluff (1884–1976) den umgekehrten Weg. In Chemnitz aufgewachsen, wurde er 1905 in Dresden zum Mitbegründer der Künstlergemeinschaft *Die Brücke*. Deren Werke wurden dann allerdings bis 1914 durch mehrere Ausstellungen in der Stadt ebenso bekannt gemacht wie die Formschöpfungen anderer Vertreter der expressionistischen Avantgarde.

Schon 1906 hatte eine Darbietung von Bildern des norwegischen Malers und Grafikers Edvard Munch in der Stadt Furore gemacht. Die damalige Bilderschau ging maßgeblich auf die Initiative des Chemnitzer Unternehmers und Kunstsammlers Herbert Eugen Esche (1874–1962) zurück, den Munch bei einem seiner mehrwöchigen Aufenthalte in Chemnitz 1905 porträtiert hatte. Als Miteigentümer der Strumpfwarenfabrik Moritz Samuel Esche zeichnete er sich, wie manch anderer ortsansässiger Industrielle, durch eine weitstrahlende künstle-

Die 1903 vollendete Fabrikantenvilla Esche des belgischen Architekten Henry van de Velde gilt als herausragendes Zeugnis des Jugendstils in Chemnitz.

rische Mäzenatentätigkeit und durch eigene starke Begabung im Zeichnen und Malen aus. 1902 beauftragte Esche den ihm befreundeten belgischen Jugendstilkünstler Henry van de Velde mit dem Bau eines luxuriösen großbürgerlichen Wohnhauses für sich und seine Familie. Mit der »Villa Esche« schuf der Belgier in Chemnitz ein international beachtetes Gesamtkunstwerk, nach seinen eigenen Worten gedacht als »Entwurf für das Leben«. Der 1903 vollendete, 1911 erweiterte Bau war einem einheitlichen Formwillen verpflichtet, dem sich auch das Interieur fügte – bis hin zum Mobiliar und zu den Gegenständen des täglichen Gebrauchs. In der DDR wurde das Gebäude als ideologisch unwillkommenes Zeugnis einer vermeintlich überwundenen »bürgerlichen« Lebens- und Wohnkultur mutwilligem Verfall überantwortet, der umgebende Park wurde durch Betongaragen zerstört. Nach aufwendigen Sanierungsarbeiten, die den Originalzustand auch im Innern wiederherzustellen vermochten, dient das Haus seit 2001 als Museum mit Restaurant, Tagungs- und Veranstaltungsräumen.

Auch andere Felder und Bereiche des kommunalen Kulturlebens gewannen nach der Jahrhundertwende eine weit über das bloß regionale Einzugsfeld hinausgehende Reputation. Seit 1899 hatte Richard Jesse (1848–1936) als Direktor des Stadttheaters durch innovative Aufführungen zeitgenössischer Dramen der Chemnitzer Bühne ein deutlich sichtbares Profil verliehen. Sein Nachfolger als Direktor (1912–1930) und (ab 1925) als Generalintendant des Neuen Stadttheaters/Städtischen Opernhauses war der österreichische Schauspieler Anton Richard Tauber (1861–1942). In seiner Amtszeit erfuhr die schon von seinem Vorgänger gepflegte und bis heute in Chemnitz maßgebliche Tradition anspruchsvoller Wagner-Aufführungen eine feste Institutionalisierung. Tauber und sein langjähriger Konzertleiter (von 1919 bis 1931 Generalmusikdirektor) Oscar Malata (1875–1959), beide übrigens gebürtige Wiener, konnten mit der sächsischen Erstaufführung des *Parsifal* kurz vor Kriegsausbruch 1914 sogar der erfolgsverwöhnten Dresdener Oper den Rang ablaufen. Namhafte Sänger und Schauspieler wurden von Tauber nach Chemnitz verpflichtet – unter ihnen befand sich, nicht zuletzt, sein Sohn, Richard Tauber jun.

(1891–1948). Er debütierte 1913 in Chemnitz und startete von hier aus seine Weltkarriere.

Wirtschaftliche Blüte und kultureller Aufschwung der Stadt blieben schließlich nicht ohne Rückwirkungen auf deren anerkannt höchste Ausbildungsstätte, die 1836 etablierte *Königliche Gewerbschule* (seit 1862: *Königliche Höhere Gewerbschule*; seit 1900: *Königliche Gewerbeakademie*). Zwar orientierte sich ihr Profil, den praxisbezogenen Intentionen ihrer Gründung folgend, weiterhin (und bis heute) vorwiegend an technisch-naturwissenschaftlichen Fächern. Doch der Studienbetrieb wurde nun zusehends professioneller, das Angebot vielfältiger, herausragende Lehrkräfte verschafften der Einrichtung wachsendes Gewicht und einen überregionalen Ruf. Zu ihnen zählten Wissenschaftler wie Eduard Theodor Böttcher (1829–1893), ab 1855 Professor für Maschinenbaukunde und Mechanische Technologie, der von 1866 bis 1876 auch als Rektor amtierte, oder Adolf Ferdinand Weinhold (1841–1917), ab 1870 Professor für Physik und Elektrotechnik, der als einer der Erfinder der Thermosflasche bekannt wurde. 1877 erhielt die *Gewerbschule* ein neues, repräsentatives Hauptgebäude in unmittelbarerer Nähe des Chemnitzer Hauptbahnhofs. Der im Stil der Neorenaissance gehaltene Bau wurde in den Folgejahren mehrfach erweitert und trägt heute wieder das von einer vergoldeten Königskrone gezierte sächsische Landeswappen. Mit alledem verband sich – trotz eines (gleichfalls bis heute) weitgehend fehlenden studentischen Milieus – eine gesteigerte Bedeutung der Lehranstalt im gesellschaftlichen Leben der Stadt: als Stätte der Begegnung zwischen Wirtschaft und Wissenschaft, als Ort der Bildung und praktischen Gelehrsamkeit, als Forum geselligen bürgerlichen Austausches.

Vorkriegswelten

Seit Beginn des neuen Jahrhunderts vollzogen sich bis zum Kriegsausbruch 1914 noch einmal entscheidende Wandlungsprozesse, die für das künftige Aussehen und für den Charakter der Stadt bestimmend werden sollten – im wirtschaftlichindustriellen Bereich ebenso wie in Politik und Gesellschaft. Bei einem damaligen Beobachter wie dem Dresdener Schriftsteller und Pädagogen Otto Eduard Schmidt (1855–1945), der durch seine vielbändigen *Kursächsischen Streifzüge* als berufener Kenner der Region allgemeine Wertschätzung genoss, haben die »Daseinsspuren der industriellen Großstadt« anlässlich eines Chemnitzbesuchs 1912 nachhaltige Eindrücke hinterlassen. »Überall«, so notierte er, »hasten die Menschen hin und her, Tausende von Arbeitern … eilen in die Fabriken, meist kräftige, untersetzte, gut genährte Gestalten mit selbstbewußtem Gesichtsausdruck. Alles scheint sich nach dem weithin-schallenden Rhythmus der Kesselschmieden zu bewegen. … Chemnitz, noch vor 60 Jahren eine lebhafte Mittelstadt, hat sich im Laufe des letzten Menschenalters … zu einem Arbeitsplatze von internationaler Bedeutung erhoben, der alle die zahlreichen im oberen Gebirge aufkeimenden geschäftlichen und technischen Talente an sich zieht und auf seinem eigenartigen Nährboden zur vollen Entfaltung bringt.«

Tatsächlich hatte Schmidt mit dieser kurzweiligen Schilderung den Lebensnerv der Kommune treffend erfasst: 1912, im Jahr seines dortigen Verweilens, waren über 24 % der in Chemnitz Lebenden und Arbeitenden in den Fabriken der Stadt beschäftigt. Hier dominierten weiterhin die beiden traditionell stark vertretenen Schlüsselbranchen der Textilherstellung und des Werkzeugmaschinenbaus. Von den 1912 offiziell gezählten 1.835 Betrieben firmierten 267 als Textil- und 229 als Maschinenbauunternehmen, unter den Letztgenannten befanden sich 32 Aktiengesellschaften mit jeweils über einer Million Reichsmark Aktienkapital. Die Stadt stand in dieser Hinsicht im Reichsdurchschnitt an zweiter Stelle, geringfügig übertroffen nur von Berlin. Gemessen an der Einwohnerzahl besaß Chemnitz im letzten Vorkriegsjahrzehnt die höchste Industriedichte aller deutschen Großstädte.

Ab Mitte der 1890er-Jahre setzte dann eine bis unmittelbar vor Kriegsausbruch anhaltende Hochkonjunkturphase ein, wobei der damit erneut einhergehende Industrialisierungsschub im Raum Chemnitz nun vor allem der Motorrad- und Fahrzeugherstellung zu verdanken war. Hier hatten sich die

AUTOS IN CHEMNITZ

Der Autobau in Chemnitz und Umgebung hatte seine Blütezeit in den Jahren zwischen 1930 und 1950. Durch die Weltwirtschaftskrise gerieten die sächsischen Autohersteller in finanzielle Schwierigkeiten. Im Juni 1932 schlossen sich die vier größten Autobauer Sachsens zusammen – die *Auto Union Chemnitz AG*, bestehend aus *Horch*, *DKW*, *Audi* und den *Wanderer-Werken*, war geboren. Ermöglicht wurde dieser Zusammenschluss durch Bürgschaften und Kredite der Reichsregierung und der Sächsischen Staatsbank, die als Hauptgläubigerinnen der sächsischen Autobauer firmierten.

Innerhalb eines kurzen Zeitraums konnte die *Auto Union* große Erfolge verbuchen. Lag der Umsatz 1932/33 noch bei 65 Millionen Mark, stieg er schon ein Jahr später auf 116 Millionen Mark an. Ein großer Vorteil war die breite Typenpalette, die von Kleinwagen und Motorrädern bis hin zu Luxuskarossen und Militärfahrzeugen reichte.

Während des Zweiten Weltkriegs ging die *Auto Union* immer mehr dazu über, Rüstungsgüter für die Wehrmacht zu produzieren. Neben Militärfahrzeugen gehörte nun auch schweres Kriegsgerät zum Programm der Autobauer. Zudem wurden Flugzeugteile für die Luftwaffe angefertigt.

Ein dunkles Kapitel in der Geschichte der *Auto Union* stellte der Einsatz von kriegsgefangenen Zwangsarbeitern und KZ-Häftlingen dar. Der Einsatz von Zwangsarbeitern begann im Spätfrühjahr 1941, im Juni 1944 betrug der Ausländeranteil der Belegschaft etwa 34,6%. Ab August 1944 wurden außerdem KZ-Häftlinge eingesetzt. Eigens für diesen Zweck waren sieben Außenlager des KZ Flossenbürg eingerichtet worden. Die Anzahl der beschäftigten KZ-Häftlinge betrug im Februar des Jahres 1945 3.642.

Am 7. Mai 1945 begann der Anfang vom Ende: Der Vorstand flüchtete vor der anrückenden sowjetischen Armee in die westlichen Besatzungszonen. Weiteres Ungemach drohte durch die Beschlagnahmung des Unternehmens und die darauffolgende Demontage der Werke durch die sowjetischen Besatzer. Die Geschichte der *Auto Union* endete Mitte August 1948, als das Unternehmen aus dem Chemnitzer Handelsregister ausgetragen wurde.

André Müller

1885 gegründeten *Wanderer-Werke* durch die Herstellung von Fahrrädern bereits einen Namen gemacht, bevor man die Produktpalette zunächst durch Fräs-, Schreib- und Rechenmaschinen und dann (seit 1913) durch kleine Automobile erweiterte. Andere ortsansässige Unternehmen vermochten sich ebenfalls zu behaupten – so die Firma *Diamant* mit Fahrrädern und Motorrädern, die Firma *Presto* mit Fahrrädern, Motorrädern und (seit 1907) Automobilen sowie in Zschopau die *Motorenwerke J. S. Rasmussen*, später (seit 1906) *DKW*. Marktführer indes blieben die *Wanderer-Werke*, die zum Großbetrieb mit (1914) über 3.000 Beschäftigten expandierten.

In einem gewissen Missverhältnis zu dieser wirtschaftlichen Prosperität, die von der Chemnitzer Gewerberegion auf ganz Sachsen ausstrahlte, stand vor 1914 das politische System des Landes. Die monarchische Staatsform war weithin unangefochten, der seit 1904 amtierende König Friedrich August III. erfreute sich allseits großer Beliebtheit. Seine mehrfachen Aufenthalte in Chemnitz waren stets begleitet von reger Anteilnahme der Chemnitzer Bürgerschaft – über alle sozialen und politischen Parteigrenzen hinweg. Bei seinem letzten Vorkriegsbesuch in der Stadt am 24. September 1912 waren es, allen voran, die Arbeiter der *Sächsischen Maschinenfabrik vormals Richard Hartmann*, die ihm, begeistert von der Schlichtheit und Herzlichkeit seines Auftretens, lebhafte und langanhaltende Ovationen darbrachten.

Für Unmut sorgten demgegenüber, gerade in einer stark von der Industriearbeiterschaft geprägten Kommune, die Modalitäten des im Königreich Sachsen geltenden Landtagswahlrechts. Im reichsdeutschen Vergleichsmaßstab waren die aus Sachsen stammenden Anhänger und Mitglieder der SPD deutlich überproportional vertreten, das Königreich der Wettiner galt schon früh als eines der Zentren der politischen Arbeiterbewegung Deutschlands. Seit 1896 galt in Sachsen jedoch ein neues Landtagswahlrecht. Es teilte die Wählerschaft nach Maßgabe ihrer Steuerleistung in drei »Klassen« ein und führte dazu, dass die Sozialdemokraten bei den Landtagswahlen von 1901 vollständig aus dem Sächsischen Landtag ausschieden, hingegen zwei Jahre später, bei der nach allgemeinem und gleichem

Wahlrecht durchgeführten Reichstagswahl, 22 der 23 sächsischen Wahlkreise gewannen. Der Wahlkreis Chemnitz war im Kaiserreich zumeist in sozialdemokratischer Hand, nur dreimal, 1871, 1878 und 1887, ging das Chemnitzer Reichstagsmandat der politischen Arbeiterbewegung für jeweils drei Jahre verloren. Deutlich sichtbar profitierte dann allerdings die Chemnitzer Sozialdemokratie von der neuerlichen Änderung des sächsischen Landtagswahlrechts 1909. Nun wurde das Dreiklassen- durch das Pluralwahlrecht ersetzt, das jedem sächsischen Wähler eine Grundstimme gewährte, darüber hinaus aber noch bis zu drei Zusatzstimmen vorsah – für Absolventen einer fortgeschrittenen Schulausbildung, für Zahlungspflichtige höherer Steuern sowie für über 50-jährige Bürger.

Es war eine charakteristische Besonderheit des wettinischen Königreichs, dass es hier, angesichts der konfessionell relativ einheitlichen Verhältnisse, keinen ins Gewicht fallenden politischen Katholizismus gab. Infolgedessen beschränkte sich das Parteienspektrum auch in der Chemnitzer Stadtverordnetenversammlung – neben freien lokalen Wahl- und Interessenvereinigungen – auf die vier großen Gruppierungen der Konservativen, der Nationalliberalen, der Linksliberalen und eben der Sozialdemokraten. Seit der Stadtverordnetenwahl von 1897 war die SPD im Stadtparlament dauerhaft vertreten, zunächst mit einem guten Drittel seiner Mitglieder. Schon 1892 hatte die Chemnitzer SPD ein umfängliches Kommunalwahlprogramm vorgelegt, das – neben der Einführung einer progressiven Einkommenssteuer, der Entprivatisierung öffentlicher Betriebe und der Festsetzung eines Mindestlohns – durchgreifende Maßnahmen zur Verkürzung der Arbeitszeit, zur Bekämpfung der Arbeitslosigkeit und zur Schaffung gesünderen Wohnraums forderte.

Auf Drängen bürgerlicher Kreise erfolgte 1899 eine Neuregelung des Chemnitzer Kommunalwahlrechts. Sie war verbunden mit einer zahlenmäßigen Erweiterung des Stadtrats, wodurch der drohenden Majorisierung finanziell leistungsstarker Wähler durch die Nichtbesitzenden vorgebeugt und der Einfluss der Sozialdemokraten zurückgedrängt werden sollte. Erneut diente dabei das Steueraufkommen als Maßstab für die dosierte

Vergabe politischer Mitsprachemöglichkeiten. Die Wahlberechtigten wurden in sechs Steuerklassen eingeteilt, denen wiederum eine unterschiedlich hohe Zahl von Stadtverordnetensitzen zustand. Je höher die Steuerleistung eines Wählers ausfiel, desto größer wurde die Anzahl der von den Angehörigen seiner »Klasse« wählbaren Stadtverordneten. Infolge dieses neuen Wahlsystems schrumpfte die Gruppe der sozialdemokratischen Vertreter im Stadtverordnetenkollegium nach 1900 auf etwa ein Sechstel.

Tonangebend für die Chemnitzer Kommunalpolitik in den letzten Jahren vor Kriegsausbruch waren daher zumeist die Repräsentanten des liberal-konservativ geprägten Spektrums. Auch die beiden Nachfolger Andrés im Amt des Stadtoberhaupts, die Oberbürgermeister Heinrich Gustav Beck (1854–1933, Obgm. 1896–1907) und Heinrich Sturm (1860–1917, Obgm. 1908–1917), entstammten dem bürgerlichen Lager, ohne freilich einer dauerhaft konfrontativen Abwehrhaltung gegenüber den Vertretern der Sozialdemokratie verhaftet zu bleiben. Eine solche Einstellung verbot sich für den Spitzenrepräsentanten einer ausgesprochenen Industrie- und Arbeiterstadt ohnehin von selbst. So pflegte vor allem Sturm eine bewusst konsensorientierte Amtsführung, die es auch den Sozialdemokraten ermöglichte, zahlreiche vor 1914 für erforderlich gehaltene kommunale Großprojekte mitzutragen – Krankenhausneubauten und Straßenverbindungen ebenso wie Elektrizitätswerke, Parkanlagen und Bildungseinrichtungen. Unter Sturms Amtsvorgänger Beck, der 1908 zum sächsischen Kultusminister berufen wurde und von 1914 bis 1918 zusätzlich sächsischer Ministerpräsident werden sollte, war schon zwischen 1897 und 1900 im (1904 eingemeindeten) Stadtteil Hilbersdorf einer der größten deutschen Rangierbahnhöfe für Güterzuglokomotiven entstanden. Das bis heute verbliebene Betriebsgelände wird seit 1992 vom *Sächsischen Eisenbahnmuseum* als Ausstellungsfläche genutzt.

Trotz des nicht selten einvernehmlichen Zusammenwirkens der in der Stadtverordnetenversammlung vertretenen Fraktionen blieb das politisch-gesellschaftliche Leben in der Arbeiterstadt Chemnitz bis zum Kriegsausbruch mindestens zweigeteilt. Den Jubelfeiern des bürgerlich-nationalen Lagers –

etwa der Enthüllung der Denkmale für Kaiser Wilhelm I., Otto von Bismarck und Hellmuth von Moltke auf dem Marktplatz 1899 oder der Einweihung des Bismarckturms im Stadtteil Borna 1906 – begegneten viele Arbeitervertreter mit Distanz. Das Chemnitzer Wahlvolk blieb, wie überall im Deutschland jener Zeit, an seine jeweilige Klientelpartei gebunden, wobei sich die Mitgliederzahl der Chemnitzer SPD im Jahrzehnt zwischen 1900 und 1912 verzehnfachte. Ihren Ruf als ausgewiesene Bastion der deutschen Sozialdemokratie vermochte die Stadt im September 1912 reichsweit zu festigen, als in ihren Toren der 23. Reichsparteitag der SPD veranstaltet wurde. Dessen Organisationsleiter war kein Geringerer als Gustav Noske (1868–1946), seit 1906 SPD-Stadtverordneter und kurz darauf auch Reichstagsmitglied für den Wahlkreis Chemnitz. Er hatte sich damals als Mitarbeiter der *Volksstimme* einen Namen gemacht – lange bevor er Anfang 1919 in seiner späteren Eigenschaft als Mitglied des Berliner *Rats der Volksbeauftragten* die Verantwortung für die Niederschlagung bolschewistischer Aufstandsversuche in Deutschland übernehmen sollte. Die *Volksstimme* erschien seit 1899 regelmäßig als lokale Tageszeitung der Chemnitzer SPD, ihre Vorläuferin war von 1871 bis 1878 die Chemnitzer *Freie Presse* gewesen, die heute (2019) unter gleichem Namen als größte, jedoch prinzipiell überparteiliche Abonnementszeitung Sachsens firmiert. Mit einer ansehnlichen Zahl von (1914) fast 60.000 Abonnenten entwickelte sich die *Volksstimme* damals zu einem veritablen Blatt des rechten, nichtmarxistischen SPD-Parteiflügels. Ihr von 1909 bis 1917 amtierender Chefredakteur Ernst Heilmann (1881–1940) verlieh seinem Blatt ein intellektuelles Niveau, das gegenüber den beiden bürgerlichen Konkurrenzorganen, den seit 1899 erscheinenden *Neuesten Nachrichten* (von 1914 bis 1943: *Chemnitzer Neueste Nachrichten*) und der 1898 begründeten *Allgemeinen Zeitung*, deutlich herausragte. Heilmann, nach 1919 einer der führenden SPD-Parlamentarier der Weimarer Republik und 1940 im Konzentrationslager Buchenwald von Nationalsozialisten ermordet, wurde mit seiner 1912 vorgelegten umfänglichen *Geschichte der Arbeiterbewegung in Chemnitz und dem Erzgebirge* zum ersten Historiographen der südwestsächsischen Sozialdemokratie.

Im Zeitalter der Weltkriege: 1914–1945

Weltkrieg, Revolution, Neubeginn

Es waren, nicht zuletzt, patriotisch und national eingestellte Vertreter des rechten SPD-Parteiflügels wie Noske und Heilmann, die vor Ort dafür sorgten, dass die bei Kriegsausbruch im August 1914 proklamierte Politik des »Burgfriedens«, welche die Zustimmung zu den Kriegskrediten und den Verzicht der deutschen Parteien auf öffentliche Auseinandersetzungen untereinander für die Dauer des Krieges beinhaltete, auch von der Chemnitzer Arbeiterschaft zunächst weitgehend mitgetragen wurde. »Wollen wir siegen?«, so fragte die sozialdemokratische Chemnitzer *Volksstimme* ihre Leser am 1. August 1914, dem Tag der deutschen Mobilmachung und Kriegserklärung an Russland. Und sie beantwortete die selbstgestellte Frage durch ein fulminantes patriotisches Bekenntnis: »Ja! Was man immer uns angetan hat, in diesem Augenblick empfinden wir alle die Pflicht, … zu kämpfen. … Deshalb verteidigen wir … alles, was es an deutscher Kultur … gibt … Nicht mit Hurra und nicht mit Hass …, aber für die deutsche Freiheit und die Unabhängigkeit des deutschen Volkes werden unsere Genossen in den Kampf ziehen …«

Die Stadt diente seit 1644 als Garnisonsstandort, in den 1850er-Jahren waren umfangreiche Kasernenbauten entstanden. Die soldatische Präsenz hatte das öffentliche Leben vor 1914 mitgeprägt – etwa durch Militärparaden und Platzkonzerte, doch auch als umsatzfördernder Wirtschaftsfaktor. Bei Kriegsausbruch waren in der Stadt zwei Infanterieregimenter und ein Ulanenregiment stationiert, die am 3. August 1914 – wie fast überall im Reich unter dem Jubel Tausender Einwohner – zum Kampf an der Front im Westen abtransportiert wurden. Ihren ersten großen und zugleich katastrophalsten Einsatz erlebten die Truppenverbände bereits einen Monat später, im Rahmen der Schlacht an der Marne, die nach viertägigem

Feuersturm unter ungeheuren personellen Verlusten am 9. September 1914 von der deutschen Armeeführung ergebnislos und wohl vorschnell abgebrochen wurde. Damit war die deutsche Gesamtkriegsplanung, die auf eine rasche Niederringung Frankreichs gesetzt hatte, prinzipiell gescheitert. Nach diesem Desaster wurden die drei Chemnitzer Regimenter disloziert und ihre Truppenverbände an verschiedenen, meist westlichen Kriegsschauplätzen eingesetzt. Bei Kriegsende hatten sie 341 Offiziere und 13.211 Unteroffiziere und Mannschaften zu beklagen, 8.040 der Gefallenen waren gebürtige Chemnitzer.

Der anfänglichen Euphorie vieler, jedoch keineswegs aller Einwohner bei Kriegsausbruch folgte – wie andernorts – eine immer tiefergehende Ernüchterung. Im Oktober 1915 kam es, hervorgerufen durch anhaltende Versorgungsengpässe, zu Tumulten und zu Plünderungen von Lebensmittelgeschäften, doch bis September 1918 unterblieben dann weitere größere Protestaktionen. Auch Hilfsbereitschaft und Opferwilligkeit der Bürgerschaft erwiesen sich lange Zeit als ungebrochen konstant. Unmittelbar nach Kriegsbeginn richtete der Stadtrat einen Kriegsfürsorgeausschuss ein, dem die Koordinierung eingehender Spenden aus Kreisen der Bevölkerung oblag. Durch private Sammlungen konnte mit städtischen Zuschüssen bereits im vierten Kriegsmonat ein eigener Lazarettzug *Stadt Chemnitz* auf den Weg gebracht werden, ein Verwundetendienst mit Ärzten und Krankenschwestern versorgte verletzte Soldaten und verpflegte durchfahrende Truppen. Chemnitzer Unternehmen, etwa die (1867 gegründete) Werkzeugmaschinenfabrik J. E. Reinecker, die vor Kriegsausbruch immerhin fast 2.000 Arbeiter beschäftigte, stellten Teile ihres Betriebsgeländes für das Sanitätswesen und die Krankenpflege zur Verfügung. Bürgerschaftliche Hilfsbereitschaft machte im Übrigen vor den Kriegsgefangenen nicht halt. Die Soldaten des im Dezember 1914 eröffneten Lagers in Chemnitz-Ebersdorf, dem vor allem französische und russische Soldaten zugeführt wurden und das im Juli 1918 mit einer Belegschaft von über 21.000 Personen als das größte seiner Art in ganz Sachsen galt, wurden – da für ihre Arbeit in ortsansässigen Betrieben nur geringfügig entlohnt – von zahlreichen Chemnitzern immer wieder mit Liebesgaben versorgt.

Dabei verschlechterten sich die Lebensbedingungen mehr und mehr. Die abrupt erforderlich gewordene Umstellung der florierenden Friedenswirtschaft auf die Belange des Krieges war mit einschneidenden Rationalisierungsmaßnahmen verknüpft. Um Arbeitskräfte, Rohstoffe und zivile Transportkosten einzusparen, waren von der sächsischen Regierung im Juni 1915 ein Produktionsstopp für Baumwollstoffe und im April 1916 ein Spinn- und Webverbot erlassen worden. Das traf die Textilwarenindustrie mit besonderer Härte, viele Fabriken mussten ihre Produktion drastisch reduzieren, manche Branchen, etwa die Handschuh- und Stickereifabrikation, kamen gänzlich zum Erliegen. Die Maschinenbauunternehmen konnten den Produktionseinbruch durch eine verstärkte Übernahme von Rüstungsaufträgen zumindest teilweise kompensieren. Der durch den Fronteinsatz bedingte Mangel an ausgebildeten Arbeitskräften führte jedoch auch bei Unternehmen, die in dieser Hinsicht relativ gut abgefedert waren, zu Produktionsminderungen und Qualitätseinbußen.

Als ab September 1918 die Aussichtslosigkeit des Krieges immer offensichtlicher wurde, mehrten sich in der Stadt Protestkundgebungen, die sich gegen die prekärer werdende Nahrungsmittelknappheit richteten und ein Ende der Kampfhandlungen forderten. Am 8. November 1918 begann in Chemnitz der Umsturz. Aufgewiegelt von eigens aus Kiel angereisten fahnenflüchtigen Matrosen, meuterten zunächst Soldaten, Arbeiter schlossen sich ihnen an, am folgenden Tag übernahm ein *Rat der Arbeiter und Soldaten im Industriebezirk Chemnitz* – paritätisch zusammengesetzt aus Vertretern der SPD und deren linker Abspaltung von 1917, der Unabhängigen Sozialdemokratischen Partei Deutschlands (USPD) – die vollziehende Gewalt in der Stadt. Der Übergang verlief friedlich, der seit 1917 (und bis 1930) amtierende Oberbürgermeister Johannes Hübschmann (1867–1930) verblieb im Amt, nur das Stadtverordnetenkollegium wurde vom Arbeiter- und Soldatenrat aufgelöst. Seine Neuwahl am 12. Januar 1919 erfolgte erstmals unter Anwendung des allgemeinen, gleichen und direkten Stimmrechts ohne Einschränkungen für alle Männer und Frauen ab dem 20. Lebensjahr. Im Vergleich zu den letzten Vorkriegsgemeindewahlen von 1913 ergab das beinahe eine Versechsfachung der Wählerschaft und klärte die bis dahin noch immer undurchsichtige politische Gemengelage in der Stadt eindeutig: Die SPD errang die absolute Mehrheit, sie erhielt mehr als zehnmal so viele Stimmen wie die USPD (seit 1919/20: Kommunistische Partei Deutschlands/KPD) und konnte sich auch gegenüber den bürgerlichen Kräften deutlich behaupten.

Politik und Gesellschaft zwischen Demokratie und Diktatur

Kriegsende und politischer Neubeginn brachten der Stadt vorerst keine Beruhigung. Die Demobilisierung der Soldaten, eine noch immer problematische Versorgungslage und die auf Etablierung einer Diktatur nach bolschewistischem Vorbild zielende Wühlarbeit der Kommunisten führten zu Spannungen insbesondere zwischen den Anhängern der Rätebewegung, heimkehrenden Fronttruppen und Verbänden der neugebildeten Reichswehr. Die Auseinandersetzungen eskalierten am 8. August 1919. Aus einer Arbeiterdemonstration mit dem Ziel einer besseren Verteilung der Lebensmittel entwickelten sich blutige Straßenkämpfe mit herbeigerufenen Reichswehrsoldaten, an deren Ende mehrere Dutzend Tote und Hunderte von Verletzten zu beklagen waren. Ein gutes halbes Jahr später, am 14. März 1920, versammelten sich fast 100.000 Menschen in der Innenstadt, um gegen den am Vortag in Berlin verübten antidemokratischen Putschversuch rechtsnationaler Kräfte gegen die Reichsregierung (»Kapp-Lüttwitz-Putsch«) zu demonstrieren. Und wieder ein Jahr später, im März 1921, kam es anlässlich eines Generalstreiks Chemnitzer Arbeiter erneut zu schweren Straßenschlachten. Die Wirren und Verwerfungen der unmittelbaren Nachkriegszeit schienen kein Ende nehmen zu wollen.

Kommunalpolitische Aktivitäten hatten in dieser spannungsgeladenen Atmosphäre zunächst einen schweren Stand. In der Chemnitzer Stadtverordnetenversammlung dominierten während der 1920er-Jahre die beiden Linksparteien, wobei sich das Kräfteverhältnis zunehmend zugunsten der KPD verschob. Deren Chemnitzer Ortsgruppe war 1919 auf Initiative zweier Maurer und Bauarbeiter gegründet worden: Heinrich Brandler (1881–1967), Initiator und kurzzeitiger Chefredakteur des KPD-Parteiblatts *Der Kämpfer*, der später aber mit der moskauhörigen Linie seiner Partei in Konflikt geriet, und Fritz Heckert (1884–1936), der 1923 kurzzeitig als sächsischer Wirtschaftsminister amtierte, von 1924 bis 1933 für die KPD im Reichstag saß und im Moskauer Exil als Gefolgsmann Josef Stalins umkam. Die Ortsgruppe entwickelte sich in den Jahren der Weimarer Republik zur schlagkräftigsten lokalen KPD-Organisation in ganz Deutschland. Ihre aggressiv vorgetragenen, vielfach rein deklamatorisch-provokativen Einlassungen trafen im Stadtparlament zumeist auf Ablehnung der dort vertretenen Parteien, zumal sich die Kommunisten, anders als viele Sozialdemokraten, nur selten durch kommunalpolitischen Sachverstand auszeichneten und spätestens seit der Kaltstellung Brandlers 1928/29 einen strikt stalinistischen Kurs vertraten.

Während die SPD – als nunmehr auch auf Reichs- und Landesebene stärkste staatstragende politische Kraft – zu den überzeugtesten Verfechtern der neuen republikanischen Ordnung auf demokratisch-parlamentarischer Grundlage avancierte, bekämpfte die KPD die Weimarer Demokratie von Anfang an mit Gewalt. Ein einvernehmliches Zusammenwirken der beiden Arbeiterparteien war dennoch von Fall zu Fall möglich, zumal die Chemnitzer SPD-Parteiorganisation die ohnehin schon stark linksorientierte sächsische Sozialdemokratie noch einmal an programmatischer Radikalität übertraf. Weithin sichtbar kam dieser zunehmende Linkstrend durch den personellen Wechsel an der Spitze der SPD-Stadtverordnetenfraktion 1924 zum Ausdruck. In dessen Gefolge wurde der Parteirechte Max Müller (1874–1933), langjähriger Vorsitzender der Chemnitzer SPD, Landtagsabgeordneter und von 1924 bis 1927 sächsischer Innenminister, durch den Linkssozialisten Karl Böchel (1884–1946) abgelöst. Böchel war von 1919 bis 1933 als einer der Nachfolger Heilmanns Chefredakteur der *Volksstimme*, saß ab 1926 ebenfalls für die SPD im sächsischen Landtag und zählte zu den entschiedensten Befürwortern eines Zusammengehens seiner Partei mit der KPD.

Nach dem Scheitern der sächsischen Linksregierung aus SPD und KPD auf Landesebene – sie hatte kurzzeitig kommunistische, mit den Diktatoren in Moskau sympathisierende Spitzenkader in verantwortliche staatliche Leitungsfunktionen gehievt und wurde daher 1923 von der Reichsregierung zum Rücktritt gezwungen – zeigte sich die Chemnitzer Sozialdemokratie zu einer verstärkten Kooperation mit Vertretern auch des bürgerlichen Lagers bereit, vor allem mit den in der Deutschen Demokratischen Partei (DDP) versammelten Kräften des Linksliberalismus, die ihrerseits bei öffentlichen Auftritten ihre Republiktreue demonstrierten. Als führender Lokalpolitiker dieser Partei galt zwischen 1920 und 1933 der Schuldirektor und langjährige Stadtverordnete (1930–1932 Stadtverordnetenvorsteher) Hermann Schiersand (1869–1946). Für die rechtsliberale Deutsche Volkspartei (DVP) wirkte, unter stärkerer Betonung konservativer Positionen und mit größerer Distanz zur politischen Arbeiterbewegung, als Oberbürgermeister bis 1930 Johannes Hübschmann. Der konservativen Deutschnationalen Volkspartei (DNVP) verlieh der Bäckermeister Franz Biener (1866–1940), Stadtverordneter von 1897 bis 1924 und von 1919 bis 1930 DNVP-Reichstagsabgeordneter, ein vor allem um die Interessen des Mittelstandes bemühtes Profil; nach seinem Ausscheiden geriet der Chemnitzer Ortsverband der DNVP indes zunehmend in völkisch-antisemitisches Fahrwasser. Nur ein einziges Mal, bei den Gemeindewahlen von 1929, gelang es den bürgerlichen Kräften – unter Einschluss der Nationalsozialistischen Deutschen Arbeiterpartei (NSDAP) –, eine knappe Mehrheit (31 Mandate) gegenüber den beiden Linksparteien (30 Mandate) zu erringen.

Jedenfalls wurde im Stadtparlament während der 1920er-Jahre – mit wechselnden Koalitionen und unterschiedlichen Mehrheiten, doch stets unter maßgeblicher Beteiligung der SPD – eine Reihe richtungsweisender Entscheidungen getroffen, die eine Zeitlang geradezu als das Musterbeispiel einer erfolgreichen, weil einvernehmlich und bürgerfreundlich betriebenen und von Fortschrittsimpulsen geleiteten Kommunalpolitik hervorstachen. Chemnitz konnte schon 1925 als einzige deutsche Großstadt einen ausgeglichenen Haushaltsetat vorweisen und die städtischen Schulden – über 50 Mio. RM – als nahezu restlos getilgt verbuchen. Im sozialpolitischen Bereich entwickelte das Stadtparlament besonders lebhafte Aktivitäten – durch umfängliche Maßnahmen zur Arbeitsbeschaffung und zur Verbesserung der Stadthygiene ebenso wie durch ein großangelegtes gemeinnütziges Wohnungsbauprogramm, das von allen maßgeblichen städtischen Parteien getragen wurde.

Stadt der Moderne

Nach Überwindung der unmittelbaren Kriegsfolgelasten – Lebensmittelknappheit, Preistreiberei, Wohnungsnot und Hyperinflation 1923/24 – erlebte Chemnitz ab Mitte der 1920er-Jahre noch einmal einen gewaltigen Entwicklungsschub und konnte, kurz vor dem endgültigen Niedergang, mit einigem Recht den Rang einer der leistungsstärksten deutschen Großstädte für sich beanspruchen. Dynamisch, wohlhabend, modern – solche Attribute verbanden viele zeitgenössische Beobachter damals mit der Stadt, die 1930 ihren historischen Höchststand von über 360.000 Einwohnern erreichte.

Chemnitz zählte in den Jahren der Weimarer Republik zu den deutschen Großstädten mit der höchsten Verkehrsdichte. Die Statistik vermerkte allein für das Jahr 1927 pro Tag über 360 Abfahrten und Ankünfte im Hauptbahnhof, mit einem Passagieraufkommen von etwa 80.000 Fahrgästen. 1926 wurde der Flughafen an der Stollberger Straße eröffnet. Er verband die Stadt mit Linien im Direktflug unter anderem nach Nürnberg, Berlin, Bremen und Prag. Beim Frachtverkehr rangierte er – nach Berlin, Frankfurt und Köln – deutschlandweit an vierter Stelle. Dauerhaft ließ sich der Flugbetrieb freilich nicht aufrechterhalten. Er musste bereits 1937 infolge wachsender Unrentabilität wieder eingestellt werden, nachdem erst im Jahr zuvor an der *Staatlichen Akademie für Technik* (heute: *Technische Universität*) eine eigene Abteilung zur Ausbildung in Flugwesen und Flugzeugbau eingerichtet worden war. Das Flughafenareal verschwand in den 1970er-Jahren zugunsten von Plattenbausiedlungen. Lediglich das Empfangs-, Verwaltungs- und Res-

Der Chemnitzer Johannisplatz galt als einer der belebtesten Verkehrsknotenpunkte Deutschlands. – Fotografie, um 1930.

taurantgebäude *(Ikarus)* blieb erhalten und wird heute gewerblich genutzt.

Während die Chemnitzer Luftfahrtgeschichte eine Episode blieb, gewann die Stadt in architektonischer Hinsicht bis in die 1930er-Jahre eine nochmals erneuerte Gestalt. Nach der Währungsstabilisierung und der sich daran anschließenden kurzzeitigen politischen Konsolidierung ab 1924 setzte, wie vielerorts in Sachsen, ein regelrechter Bauboom ein, an dem private, kommunale und staatliche Investoren gleichermaßen Anteil nahmen. Waren es bisher die historisierenden Fassaden der Gründerzeit und der Wilhelminischen Ära gewesen, die das innerstädtische Areal geprägt hatten, so gewann nun die architektonische Moderne Einlass und Geltung in den Mauern der Stadt. Chemnitz wurde in gut fünf Jahren zu einem Zentralort des Neuen Bauens in Deutschland. Herausragende, auch überregional arrivierte Architekten dieser Generation waren, allen voran, Heinrich Straumer (1876–1937), Erich Basarke (1878–1941), Friedrich Wagner-Poltrock (1883–1961), Fred Otto (1883–1944) und Curt am Ende (1889–1970).

In der zweiten Hälfte der 1920er-Jahre stach zunächst die kommunale Bautätigkeit durch ambitionierte Projekte hervor.

Ein herausragendes Zeugnis des Neuen Bauens: die 1928 eingeweihte *Industrieschule Chemnitz*.

Sie gipfelte in der Errichtung des expressionistisch inspirierten Backsteinbaus der *Industrieschule* 1928, der damals größten Berufsschule in ganz Deutschland (Architekt: Wagner-Poltrock) und im 1929 mit Reminiszenzen an den Bauhausstil begonnenen *Stadtbad* (Architekt: Otto), dessen Fertigstellung allerdings erst 1935 erfolgen konnte. Von den damals in rascher Folge für private Zwecke errichteten Gebäuden erlangte das *Kaufhaus Schocken* besondere Wertschätzung. Das jüdische Brüderpaar Simon Schocken (1874–1929) und Salman Schocken (1877–1959) hatte seit 1901 von Zwickau aus die Errichtung von Warenhäusern im westsächsischen Raum betrieben. Binnen zweier Jahrzehnte war daraus die viertgrößte Warenhauskette Deutschlands mit über zwanzig Filialen in Sachsen entstanden. Der Chemnitzer Bau von 1930 war einer der letzten und wohl auch eigenwilligsten von ihnen. Sein Architekt Erich Mendelsohn (1887–1953) projektierte und realisierte hier ein herausragendes Meisterwerk avantgardistischen Formwillens, dessen Fassadenfront mit ihren geschwungenen Fensterbändern rasch zu einem architektonischen Wahrzeichen der Stadt avancierte.

Seit 2014 beherbergt der Bau das *Staatliche Museum für Archäologie* (SMAC).

Darüber hinaus bedienten zahlreiche weitere Bauträger das zeitgenössische Bedürfnis nach Sachlichkeit, Zweckmäßigkeit und Funktionalität in der Architektur. Wie das Symbol einer immer stärker vom großstädtischen Verkehrsaufkommen durchpulsten Industriemetropole wirkte der 1928 zentrumsnah am Fuß des Kaßbergs im neusachlichen Stil errichtete *Garagenhof* (später: *Stern-Garagen*) – eine Art Vorläufer moderner Autohöfe mit Tankstelle, Restaurant und Motel –, der bis 1941 in Nutzung blieb und heute das *Museum für sächsische Fahrzeuge* beherbergt. Ein modernes Design erhielten auch die anderen um 1930 realisierten Chemnitzer Großprojekte: Industriebauten (*Schubert & Salzer*, von Erich Basarke 1927, mit campanileartigem Uhrturm, heute: *Wirkbau*) ebenso wie Verwaltungsgebäude (*AOK-Haus*, von Curt am Ende 1931), Bankneubauten (Stadtsparkasse, von Fred Otto 1930, heute: *Museum Gunzenhauser*) und nicht zuletzt das 1930 eröffnete Grand Hotel *Chemnitzer Hof* (Architekt: Heinrich Straumer), dessen Räumlichkeiten bis heute – trotz fragwürdiger Modernisierung – einen Mittelpunkt gepflegter Geselligkeit zu bieten vermögen.

Die den »Goldenen Zwanzigern« in vielen deutschen Großstädten zugesprochene lebensweltliche Modernitätserfahrung hatte auch in Chemnitz ihren Ort. Dass die Stadt auf kulturellem Gebiet führend in den zeitgenössischen Modernitätsdiskurs der Weimarer Republik eingebunden war, lag wesentlich am Wirken Friedrich Schreiber-Weigands (1879–1953), der sich bereits seit 1911 als ehrenamtlicher Ausstellungsleiter des Vereins *Kunsthütte* um die Förderung zeitgenössischer Malerei am Ort verdient gemacht hatte und von 1920 bis 1933, dann erneut ab 1945, als Direktor der *Städtischen Kunstsammlungen* sein Haus zu einer der renommiertesten deutschen Präsentationsstätten der künstlerischen Moderne zu profilieren verstand. Die unter seiner Leitung zusammengetragenen und gezeigten Exponate umfassten, neben Werken der älteren Kunst, nahezu das gesamte Spektrum der zeitgenössischen deutschen Avantgardemalerei, allen voran einen umfangreichen Bestand von Werken seines Freundes Karl Schmidt-Rottluff, der ihn auch portraitiert hat. Es mochte als eine traurige Bestätigung der mit alledem verbundenen Erfolge gelten, dass Schreiber-Weigand 1933 einer der ersten deutschen Museumsdirektoren werden sollte, den die Nationalsozialisten seines Amtes enthoben. 1937 wurde die Chemnitzer Expressionistensammlung zerschlagen und in alle Winde zerstreut.

Modernität atmete damals nicht zuletzt das städtische Theater-, Bühnen- und Musikleben. Schon kurz nach Kriegsende hatte sich 1920, dem Berliner Vorbild folgend, ein Chemnitzer Volksbühnenverein *(Chemnitzer Volksbühne e. V.)* konstituiert. Er zielte darauf ab, breite Bevölkerungsschichten in seine Bildungsarbeit einzubeziehen und insbesondere Interessenten aus dem Kreis der Industriearbeiterschaft die Möglichkeit von anspruchsvollen Theater-, Konzert- und Opernbesuchen zu ermäßigten Preisen zu verschaffen. Unter der engagierten Leitung

Aufzugs- und Uhrturm der ehemaligen Schubert & Salzer AG.

des langjährigen (1919–1933) sozialdemokratischen Stadtverordneten, späteren Einheitssozialisten August Friedel (1875–1956) avancierte der Chemnitzer Verein rasch zum zweitgrößten seiner Art in Deutschland, 1921 zählte er bereits 21.000 Mitglieder. Viele von ihnen füllten die Zuschauerreihen, als am 29. September 1928 Gerhart Hauptmanns Drama Die Weber in Anwesenheit des Autors als Gastinszenierung des Berliner Schauspielhausintendanten Leopold Jessner spektakuläre Triumphe feierte. War schon diese Inszenierung als Manifestation einer bewusst sozialkritisch eingefärbten Bühnenregie bemerkenswert, so galt dies noch weitaus entschiedener für die Chemnitzer Erstaufführung von Bertolt Brechts Dreigroschenoper im Juni des Folgejahres. Sie traf nun freilich auf heftige Kritik seitens der konservativ gestimmten bildungsbürgerlichen Öffentlichkeit am Ort, als deren Sprachrohr sich das Chemnitzer Tageblatt profilierte.

Solche Wertungsdifferenzen markierten Bruchlinien im gesellschaftlichen Lebensalltag der Stadt. Sie verwiesen auf die beiden voneinander getrennten Welten des bürgerlich-nationalen Milieus einerseits und des proletarisch-sozialistischen Milieus andererseits, wie sie bei einer ausgesprochenen Industrie- und Arbeiterstadt besonders unvermittelt aufeinandertrafen und mit einer wachsenden Polarisierung der politischen Gegensätze einhergingen. Während sie sich im proletarischen Lager in einer immer stärkeren Hinwendung zur KPD äußerten, verbanden sie sich im bürgerlichen Milieu mit einer zunehmenden Sympathie für völkisches Gedankengut. Wie in einem Brennglas spiegelte sich diese Entwicklung in der Person des Literaturwissenschaftlers Albert Soergel (1880–1958), der die Chemnitzer Literaturszene der 1920er- und 1930er-Jahre wie kaum ein anderer prägte und repräsentierte. Soergel, von 1911 bis 1945 Lehrer (ab 1920 als Professor) für Deutsche Sprache und Geschichte an den Technischen Staatslehranstalten (heute: Technische Universität), hatte mit seinem 1911 erstmals erschienenen Buch Dichtung und Dichter der Zeit. Eine Schilderung der deutschen Literatur der letzten Jahrzehnte ein monumentales Standardwerk vorgelegt, das in zahlreichen Neuauflagen rasch weite Verbreitung fand und 1925 durch einen noch umfänglicheren zweiten

CHEMNITZER AUTOREN

Einige Töchter und Söhne der Stadt avancierten im 20. Jh. zu bedeutenden Romanciers, von denen drei besonders hervorstachen: Stefan Heym, Stephan Hermlin (1915–1997) und Irmtraud Morgner (1933–1990). Die Bedeutung, die sie ihrer Heimatstadt zumaßen, variierte erheblich. Alle drei Autoren verstanden sich als überzeugte Sozialisten.

Morgner hatte anfangs versucht, die realpolitische Umsetzung des Sozialismus und die wachsende Enttäuschung der jüngeren Generation in ihrem Roman *Rumba auf einen Herbst* (1968) zu thematisieren. Nachdem er verboten wurde, wandte sie sich weniger konfliktreichen Themen zu: dem Widerspruch zwischen wissenschaftlich-technischer Rationalität und erzählerischer Phantasie in *Die Hochzeit in Konstantinopel* (1968) sowie dem Eintritt der Frau in die Historie in der unvollendet gebliebenen *Salman-Trilogie*. So brach sie einerseits mit der Eindimensionalität des DDR-Realismus und trug maßgeblich zu dessen Weiterentwicklung bei, andererseits begründeten die Romane Morgners Ruf als wichtige weibliche Stimme in der DDR. Ihr Andenken würdigte die Stadt durch Gründung der *Irmtraud-Morgner-Tafelrunde*, die sich darum bemüht, das Interesse an der Autorin aufrecht zu erhalten.

Während bei Morgner der Sozialismus bereits als eine gelebte Realität erscheint, stellte er für die älteren Autoren Heym und Hermlin zeitlebens ein erstrebenswertes Ideal dar. Hermlin, der teilweise in Berlin aufwuchs, kleidete seine Sozialismusvorstellungen in surrealistische und avantgardistische Gestaltungsformen. Seine autobiographische Erzählung *Kaßberg* (1965) erinnert an zwei Besuche in seiner Geburtsstadt (1945 und 1958). Seine Worte zeugen vor allem von Fremdheit, auch die Stadt gedenkt seiner nicht.

Weitaus prägender für Stadt und Umland wirkte Stefan Heym. Sein Werk folgt einem erzählerisch knappen Stil. Der Bekämpfung des Nationalsozialismus und der Neugestaltung der deutschen Gesellschaft nach sozialistischen Grundsätzen galt sein Engagement ebenso wie dem Widerstand gegen die totale politische Instrumentalisierung der Klassiker des Kommunismus durch die DDR-Einheitssozialisten. Seit 2008 vergibt die

Stadt in dreijährigem Turnus den Internationalen *Stefan-Heym-Preis*. Eine 2009 gegründete *Internationale Stefan-Heym-Gesellschaft* widmet sich der Pflege und Bewahrung seines Werkes.

Antonia Sophia Podhraski

Band *Im Bann des Expressionismus* ergänzt wurde. Ein dritter, 1934 erschienener Folgeband *Dichter aus deutschem Volkstum* wollte dann freilich schon »der deutschen Blutgemeinschaft dienen« und beschwor »den großen Führer …, den einen, der helfen kann, ihn, unseren Führer von heute und sein neues Reich«. Trotz derartiger Aussagen blieb ihr Verfasser offen für die Leistungen der literarischen Moderne. Die von ihm und dem Kinderarzt Kurt Oxenius (1881–1950) 1921 gegründete und geleitete *Gesellschaft der Bücherfreunde zu Chemnitz* wuchs rasch zur zweitgrößten deutschen Bibliophilenvereinigung an und bot vielen jungen Autoren durch Vorträge, Lesungen und ebenso aufwendig wie liebevoll gestaltete Buchveröffentlichungen ein deutschlandweit beachtetes Forum.

Weltwirtschaftskrise, Nationalsozialismus und Zweiter Weltkrieg

Auf wirtschaftlichem Gebiet offenbarten sich die langfristigen Konsequenzen, die mit dem Weltenbrand von 1914/18 gerade für die Chemnitzer Industrieregion verbunden sein sollten, erst nach und nach. Die neuen Grenzziehungen von 1919 bescherten der westsächsischen Wirtschaft nicht nur den Verlust eines wichtigen Exportmarktes, sondern brachten auch eine Hauptquelle für den Bezug von Rohstoffen – Steinkohle aus Oberschlesien, Holz aus den Böhmischen Wäldern – zeitweise gänzlich zum Erliegen. Zudem produzierten die neuen tschechoslowakischen Nachbarn zahlreiche Gebrauchsgüter weitaus kostengünstiger und traten damit zur Chemnitzer Textilerzeugung in eine ernstzunehmende Konkurrenz. Deren Niedergang hatte freilich schon im Krieg begonnen, Produktion und Absatz stagnierten auch nach dem Übergang zur Friedenswirtschaft in den 1920er-Jahren, technologische Innovationen blieben hier weitgehend aus. Einen Modernisierungsschub erlebte dagegen nach 1918 der zweite industrielle Leitsektor, der Maschinenbau. In diesem Bereich setzten manche Firmen, wie die seit 1919 bestehenden *Astra-Werke*, Maßstäbe in der Massenfertigung (Addiermaschinen). Andere Betriebe, wie die alteingesessenen *Wanderer-Werke*, folgten aktuellen Entwicklungstrends durch Schwerpunktverlagerungen ihrer Produktpalette (Schreibmaschinen). Wieder andere, wie die *Sächsische Maschinenfabrik vormals Richard Hartmann AG*, überzeugten durch die konkurrenzlose Qualität und Leistungsfähigkeit ihrer Erzeugnisse (Lokomotive *Sachsenstolz*). Freilich waren auch die in den 1920er-Jahren boomenden Chemnitzer Betriebe, da stark exportorientiert, von den Konjunkturschwankungen des Weltmarktes abhängig.

Der Zusammenbruch des Weltwirtschaftssystems im Gefolge der Großen Krise ab 1929 traf daher den westsächsischen Gewerberaum besonders hart. Nach Krisenbeginn schrumpfte allein die Ausfuhr Chemnitzer Textilprodukte und -maschinen um über 80 %. Preisverfall, Produktionseinbrüche, Firmenpleiten und Massenarbeitslosigkeit waren die Konsequenzen eines zunehmenden Abwärtstrends – Chemnitz rangierte im Krisenjahr 1930/31 hinsichtlich der Arbeitslosenzahl auf Platz 1 der am stärksten betroffene Großstädte in Deutschland. Städtische Bauvorhaben wurden aufgegeben, renommierte Unternehmen gerieten ins Trudeln – allen voran die alteingesessene *Sächsische Maschinenfabrik vormals Richard Hartmann AG*, die ihren Lokomotivenbau einstellen und 1930 liquidiert werden musste. Ähnlich negativ verlief die Entwicklung bei den *Wanderer-Werken*, die 1932 den Automobilbau durch Fusion mit der Firma *Auto Union AG* abgaben und sich auf die Produktion von Büro- und Werkzeugmaschinen beschränkten. Die *Auto Union AG* – einer der ersten und lange Zeit bedeutendsten deutschen Automobilkonzerne – war kurz zuvor als Zusammenschluss der südwestsächsischen Automobilhersteller *DKW*, *Audi*, *Horch* (und nun *Wanderer*) mit Sitz in Chemnitz unter Hilfestellung der Sächsischen Staatsbank gegründet worden, um die vom Bankrott bedrohten Unternehmen zu retten. Die Stadt Chemnitz war mit einem Aktienkapital in Höhe von 750.000 Reichsmark an dem neugeschaffenen Konzern beteiligt.

Die – als Folge der Weltwirtschaftskrise – seit Beginn der 1930er-Jahre allgemein zu beobachtende politische Radikalisierung machte auch vor den Toren der Chemnitzer Kommunalpolitik nicht halt. Die NSDAP hatte sich in Sachsen relativ früh Gehör zu verschaffen vermocht. 1921 war in Zwickau die erste Ortsgruppe außerhalb Bayerns gegründet worden, wenige Jahre später zählte der Freistaat bereits zu den Hochburgen der Bewegung, in Chemnitz erhielt die Partei, ähnlich wie ihr totalitäres Pendant, die KPD, Spitzenergebnisse bei den Reichs- und Landtagswahlen. Im Stadtparlament war sie 1926 mit einem, 1929 mit vier und 1932 mit 20 Sitzen (von insgesamt 61) vertreten – und damit die mit Abstand stärkste Gruppierung vor der SPD (17) und der KPD (14), während die bürgerlichen Parteien bis auf die DNVP in der Bedeutungslosigkeit versanken. Zwar kam mit Unterstützung der Sozialdemokraten im Januar 1933 noch einmal kurzzeitig ein linkes, diesmal sogar ausschließlich von KPD-Vertretern besetztes Stadtverordnetenpräsidium zustande, für den weiteren Gang der Ereignisse war das indes bedeutungslos. In der zweiten Märzwoche 1933 besetzten SA-Trupps alle wichtigen städtischen Gebäude, drangen in die Redaktionsräume der *Volksstimme* ein und erschossen den sich ihnen entgegenstellenden Verlagsleiter Georg Landgraf (1885–1933), einen langjährigen SPD-Stadtverordneten und (1926–1930) Stadtverordnetenvorsteher.

Adolf Hitler selbst hatte am 3. April 1932 vor etwa 45.000 Zuhörern in der Chemnitzer Sportarena *Südkampfbahn* gesprochen und war dabei in seiner typischen, auf eine vorwiegend proletarische Zuhörerschaft abgestimmten Wahlkampfreden-Phraseologie gegen »Klassenkampf, Standesdünkel und Standeswahn« zu Felde gezogen. Einer, der solchen Auftritten beiwohnte, war Stefan Heym (d. i. Pseudonym für Helmut Flieg, 1913–2001), der – neben Stephan Hermlin (d. i. Pseudonym für Rudolf Leder, 1915–1997) – wohl bedeutendste aus Chemnitz stammende Schriftsteller, Sohn eines jüdischen Textilkaufmanns und bereits 1933 vor den Nationalsozialisten zunächst nach Prag, später in die USA geflohen. Heym erinnert sich in seinen Memoiren *Nachruf* (1988) an den phrenetischen Beifall der Massen, ausgelöst durch Hitlers »Charisma«. »Dann aber«, so Heym, »hob Hitler den Arm zu dem nach ihm benannten Gruß, und der junge Flieg sah plötzlich den dunklen feuchten Fleck in der Achselhöhle des Mannes und dachte: Nein, der nicht, der ist kein Prophet und kein Held, der schafft's nicht ... Flieg sollte sich getäuscht haben«.

Zum vielfach bedrückenden Alltag nationalsozialistischer Herrschaft gehörte hinfort auch in Chemnitz die Erfahrung der Verfolgung missliebiger Regimegegner, allen voran der Hauptopfergruppe des im Dritten Reich praktizierten rassenantisemitischen Vernichtungswahns. Zahlenmäßig waren die Juden in der Stadt – wie in Sachsen generell – vergleichsweise schwach vertreten, neben Chemnitz gab es im Land nur in Dresden und Leipzig größere jüdische Gemeinden. Chemnitz beheimatete 1933, zu Beginn der nationalsozialistischen Herrschaft, knapp 2.400, nach anderen Angaben etwa 4.000 Bürger jüdischen Glaubens, die meisten von ihnen waren im Handel, im Bankenwesen, in der Warenhausbranche und im Textilgewerbe tätig, ein gutes Drittel der etwa 600 Chemnitzer Textilbetriebe befand sich in jüdischem Besitz. Erste Boykottaktionen gegen jüdische Geschäfte hatte es bereits im April 1933 gegeben. Doch nur wenige ihrer Inhaber zogen es damals und in den Folgejahren vor, ihren Besitz zu veräußern und Stadt und Land rechtzeitig zu verlassen. Angetrieben wurde die Hetze in Chemnitz von drei antisemitischen Brandstiftern: dem NS-Gauleiter und (seit 1935) sächsischen Ministerpräsidenten Martin Mutschmann (1879–1947), dem seit 1936 als Oberbürgermeister amtierenden NS-Sportfunktionär Walter Schmidt (1903–1962) und dem von 1941 bis 1943 tätigen Chemnitzer Gestapo-Chef Johannes Thümmler (1906–2002), der vor allem durch seine spätere »Karriere« als Auschwitztäter und Einsatzgruppenleiter im Osten von sich Reden machen und niemals zur Rechenschaft gezogen werden sollte. 1938 begannen unter der Tarnbezeichnung »Arisierung« systematisch betriebene Raubzüge gegen jüdisches Eigentum. Nachdem bereits im Oktober 1938 alle Juden polnischer Staatsangehörigkeit aus Chemnitz vertrieben worden waren, brannte einen Monat später, in der Pogromnacht vom 9. November 1938, die Synagoge. Jüdische Einwohner wurden misshandelt und ins Konzentrationslager Buchenwald verschleppt. Ab Anfang 1942 erfolgte deren systematische Deportation ins Ghetto von Riga, später nach Bełżyce und Theresienstadt, wo sich die Spuren der meisten Opfer verlieren sollten. Bei Kriegsende 1945 lebten nur noch wenige Juden in Chemnitz, 1946 zählte man 42 Personen. Heym, der 1945 seiner zerstörten Vaterstadt einen kurzen Besuch abstattete, suchte damals vergeblich nach der vernichteten Synagoge und dem nicht mehr auffindbaren Grab des Vaters auf dem geschändeten jüdischen Friedhof: »Der Tempel ist verschwunden, kein Stein davon mehr da …; Gras wuchert, wo der Bau einst stand mit seinen Türmchen und bunten Fenstern, jüdisches Spätbarock mit orientalischem Einschlag; sie haben den Tempel verbrannt und die verkohlten Trümmer fortgeräumt; jetzt ist die Stadt selber zur Trümmerlandschaft geworden.«

Auch andere Opfergruppen waren betroffen: Dutzende von KPD-Funktionären wurden 1933 in das neu eingerichtete Konzentrationslager Sachsenburg verbracht, zahlreiche sozialdemokratische Stadtverordnete und Arbeitervertreter gerieten in »Schutzhaft«. Einigen wenigen von ihnen gelang die Flucht über die Kämme des Erzgebirges in die angrenzende Tschechoslowakei; auch Heym hat diesen Fluchtweg damals benutzt und über das damit verbundene Abenteuer in seinen Memoiren berichtet. Andere wiederum versuchten die in die Illegalität verdrängten sozialdemokratischen Organisationsstrukturen untergründig aufrechtzuerhalten. Einer von ihnen war Moritz Nestler (1886–1976), SPD-Stadtverordneter von 1931 bis 1933 und seit 1930 Gründungsdirektor der im selben Jahr errichteten *Diesterwegschule*. Nestler hatte sich schon in den 1920er-Jahren um die Durchsetzung reformpädagogischer Konzepte gegenüber einer einseitig an intellektueller Stoffvermittlung orientierten autoritären Lernpraxis bemüht und dabei das Ideal einer sozial gerechten Erziehung jenseits tradierter Klassenunterschiede verfochten. Unmittelbar beim Machtantritt der Nationalsozialisten amtsenthoben und gefangengenommen, wurde Nestler nach dem gescheiterten Attentat auf Hitler erneut verhaftet und entkam nur knapp dem Schicksal vieler anderer damals ermordeter Regimegegner.

Unter ihnen befanden sich viele Angehörige des bürgerlich-konservativen Lagers, darunter auch solche, die das NS-Regime zunächst mitgetragen hatten und denen sich erst nach einiger Zeit dessen verbrecherischer Charakter offenbarte. Keinerlei Illusionen hegte von Anfang an General Friedrich Olbricht (1888–1944). Der Sohn eines Direktors der Chemnitzer Städtischen Oberrealschule war ab November 1938 Kommandeur der in Chemnitz stationierten 24. Infanteriedivision. Als Kopf der Militäropposition gegen Hitler plante er federführend den Staatsstreich und wurde noch in der Nacht zum 21. Juli 1944, gemeinsam mit Oberst Claus Schenk Graf von Stauffenberg und zwei weiteren Mitverschworenen, in Berlin erschossen. Heute erinnert ein »Stolperstein« an die letzte Chemnitzer Wohnadresse (Wielandstraße 6) des Widerstandskämpfers.

Es gab schließlich noch eine weitere Opfergruppe, deren Schicksal nicht immer angemessen gewürdigt wird, wenn man der vielen tausend Toten der nationalsozialistischen Gewaltherrschaft gedenkt: die mit fortschreitendem Kriegsverlauf immer mehr zum Einsatz gebrachten ausländischen Zwangsarbeiter. Nach Kriegsbeginn 1939 hatte sich die Region rasch zu einem Zentrum der deutschen Rüstungsproduktion entwickelt, wobei vor allem die Kraftfahrzeug- und Motorradherstellung in und um Chemnitz in großem Umfang den militärischen Bedürfnissen angepasst wurde. Die Beschäftigtenzahlen schnellten in diesem Sektor rasant in die Höhe, als veritables Rüstungsunternehmen profilierte sich, allen voran, die *Auto Union AG* Chemnitz. Zunächst noch durch den verstärkten Bau von Wehrmachtskraftfahrzeugen hervortretend, wurde das Unternehmen, nach weitgehender Einstellung der zivilen Fahrzeugproduktion 1940, zum bevorrechteten Hersteller von Panzermotoren und Luftwaffengeräten. Es genoss das Privileg erhöhter Maschinenausstattung und rekrutierte ab 1942 in großer Zahl ausländische Zwangsarbeiter, seit 1944 auch unter Rückgriff auf das in den Konzentrationslagern vorhandene »Menschenpotential«, zeitweise über 7 % der gesamten Belegschaft. Der Häftlingseinsatz trug fataler weise nicht nur wesentlich zur betrieblichen Expansion des Konzerns bei; er garantierte darüber hinaus auch hohe Unternehmensgewinne und eröffnete die Chance zu wachsender Fertigungsrationalisierung.

Bombenkrieg und Vernichtung der Stadt

Der westsächsische Raum lag zunächst außerhalb der Reichweite alliierter Luftgeschwader und galt daher lange Zeit als »bombensicher«. Das hatte nicht nur zur Verlagerung von rüstungsrelevanten Industriezweigen in die Region geführt, sondern ab 1943 auch zahlreiche »Luftkriegsflüchtlinge«, darunter viele Kinder, aus den verwüsteten Gebieten an Rhein und Ruhr nach Chemnitz gebracht. Gleichwohl stand die Stadt schon früh, erstmals im September 1941, auf einer Liste des britischen Luftwaffenkommandos, welche 43 deutsche Großstädte auf Grund ihres wirtschaftlichen Leistungsprofils als potentielle Angriffsziele anführte. Im selben Jahr hatten briti-

Denkmal für die Bombenopfer des Zweiten Weltkriegs auf dem Städtischen Friedhof.

sche Aufklärungsflugzeuge Luftbilder des Stadtgebiets aus zehn Kilometern Höhe gefertigt, später dann auch eine Karte mit den strategisch wichtigsten lokalen Zielen erstellt. Dazu zählten Industriebetriebe ebenso wie Verkehrsverbindungen und Versorgungseinrichtungen.

Nach der technischen Aufrüstung der alliierten Luftflotte und kleineren Bombenangriffen im Mai, Juni und September 1944 begann ab Februar 1945 die systematische Vernichtung der Stadt aus der Luft. In den Abendstunden des 5. März entlud eine Armada von über 680 britischen und amerikanischen Flugzeugen tausende von Spreng-, Brand-, Phosphor- und Splitterbomben über dem Stadtgebiet, mehr als 2.100 Menschen verbrannten im Flammenmeer, das erst zwei Tage später unter Kontrolle gebracht werden konnte. Die Bombennacht zerstörte etwa ein Viertel des gesamten Wohnraums und löschte die Innenstadt nahezu komplett aus, nur einige wenige Gebäude überlebten das Inferno. Der Chemnitzer Vorort Einsiedel war mit einem Zerstörungsgrad von 93 % der vom Bombenkrieg am schwersten getroffene Ort in ganz Sachsen. In einem makabren Triumphalismus galt den alliierten Kommandostäben Chemnitz hinfort als »tote Stadt«. Der Bombenterror war die brutale Antwort auf den von Hitler entfesselten und mit äußerster Brutalität geführten nationalsozialistischen Eroberungs- und Vernichtungsfeldzug. An die insgesamt etwa 4.000 Luftkriegsopfer erinnert bis heute ein denkmalumrahmtes Gräberfeld auf dem Städtischen Friedhof.

Im Zeitalter des Kalten Krieges: 1945–1989

Neuanfang im Zeichen des Sowjetsterns

Der letzte westalliierte Fliegerangriff auf die bereits vollständig am Boden liegende Stadt erfolgte am 11. April 1945, verbunden mit starkem Artilleriebeschuss US-amerikanischer Bodentruppen, die wenig später den nordwestlichen Ortsrand erreichten. Kämpfe mit versprengten Wehrmachtseinheiten zogen sich noch mehrere Tage hin, bis die Stadt am 8. Mai 1945 kapitulierte und danach von Einheiten der Roten Armee besetzt wurde. Damit ging die vollziehende Gewalt auf die sowjetische Besatzungsmacht über, vertreten durch eine Stadtkommandantur mit Weisungsrecht gegenüber allen lokalen Behörden. Die von den sowjetischen Sicherheitsorganen sofort eingeleitete »Entnazifizierung« traf neben eindeutig nationalsozialistisch belasteten Amtsträgern auch mancherlei Mitläufer und durch Denunziation zu Unrecht Beschuldigte, von denen viele jahrelang unter schlimmsten Begleitumständen in Speziallagern der Sowjets ausharren mussten. Gestützt auf die Protektion durch die Rote Armee, betrieben die auch in Chemnitz sofort reaktivierten KPD-Kader eine ebenso rücksichtslose wie brutale Majorisierungs- und Klientelpolitik und besetzten wichtige Schlüsselpositionen und Spitzenämter mit eigenen Gefolgsleuten.

Dabei war eine Ende Mai 1945 im Chemnitzer Rathaus spontan gegründete *Antifaschistische Front* zunächst darum bemüht, Hitlergegner aller politischen Richtungen für einen demokratischen Neubeginn des städtischen Lebens zusammenzuführen. Solche Bestrebungen wurden jedoch sogleich für die Ziele der Kommunisten instrumentalisiert. Die *Front* musste bereits einen Monat später einem von der KPD dominierten *Block der antifaschistisch-demokratischen Parteien* weichen. Diesem *Block* gehörten die mit Zustimmung der sowjetischen Militärbehörden ab Mitte Juni 1945 in Chemnitz neu gebildete SPD, die Christlich-demokratische Union Deutschlands (CDUD) und die Liberal-demokratische Partei Deutschlands (LDPD) an. Bis zum Jahresende 1945 wurden immer mehr Parteigänger der bürgerlichen Gruppierungen aus der Stadtverwaltung verdrängt. Als willfähriges Werkzeug der sowjetischen Besatzungsmacht und lokaler Schrittmacher auf dem Weg zur Errichtung einer Einparteidiktatur erwies sich der von 1945 bis 1952 als Oberbürgermeister amtierende Schlosser Max Müller (1899–1977). Er sorgte als altgedienter KPD-Funktionär für die gezielte Ausschaltung unliebsamer Stadtratsmitglieder, von denen sich nicht wenige dem auf ihnen lastenden Druck durch Flucht in den Westen entzogen – so etwa Fritz Gleibe (1900–1990), langjähriger Stadtkämmerer und von Mai bis Juni 1945 kurzzeitig als Chemnitzer Oberbürgermeister amtierend, oder Hans Hermsdorf (1914–2001), als überzeugter Sozialdemokrat einer der entschiedensten Gegner der auch in Chemnitz heftig umstrittenen und dort am 30. März 1946 vollzogenen Zwangsvereinigung von SPD und KPD zur Sozialistischen Einheitspartei Deutschlands (SED). Andere Widersacher der linkstotalitären Gleichschaltungspolitik, wie der sozialdemokratische Schulreformer und ausgewiesene Hitler-Gegner Moritz Nestler, wurden überwacht, verhaftet und zu jahrelangen Gefängnisaufenthalten verurteilt.

Druck und Repression der moskauhörigen Einheitssozialisten auf politische Opponenten verstärkten sich noch einmal erheblich, nachdem bei den ersten (und zugleich letzten) relativ korrekt durchgeführten Nachkriegswahlen zur Chemnitzer Stadtverordnetenversammlung im September 1946 die SED mit über 52 % der abgegebenen Stimmen das beste Resultat in allen sächsischen Großstädten erhielt (CDUD: 25 %; LDPD: 20 %) – und damit ihren Führungsanspruch durch den Wählerwillen legitimiert sah. Eine neue Geschäftsordnung erhob die Stadtverordnetenversammlung zum nunmehr obersten Beschlussorgan kommunaler Angelegenheiten, dem der Rat der Stadt untergeordnet war. Dies garantierte hinfort die Kontrolle aller Bereiche des städtischen Lebens durch die SED. Die offizielle Übergabe der Verwaltungshoheit seitens der sowjetischen Militärkommandantur an den Rat der Stadt Chemnitz am 17. November 1949 änderte daran nichts.

Gesellschaft und Wirtschaft im Sozialismus

In den ersten Wochen und Monaten nach Kriegsende kämpfte ein Großteil der Chemnitzer Einwohnerschaft ums nackte Überleben. Mehr als 100.000 Obdachlose irrten durch die innerstädtische Trümmerwüste, von 116.000 vor Beginn des Bombensturms verzeichneten Wohnungen waren nur knapp 38.000 unbeschädigt geblieben. Die Versorgung der Bevölkerung erwies sich angesichts des vollkommen zum Stillstand gelangten Straßenverkehrs als äußerst prekär. Gas- und Elektrizitätsleitungen waren zerstört, vollauf funktionsfähige Industrieanlagen gab es kaum mehr, dafür aber seit Beginn der systematischen Vertreibung der Deutschen aus der Tschechoslowakei ab Anfang 1946 eine stetig anwachsende Zahl mittelloser Flüchtlinge aus den benachbarten Sudetengebieten. Die Herausforderungen, die sich aus solchen Problemhäufungen für die Stadtverwaltung ergaben, waren enorm und die Rahmenbedingungen, die ihre rasche Bewältigung ermöglichten, nicht eben besonders günstig.

Die ohnehin problematische Nahrungsmittelversorgung der Einwohnerschaft aus dem agrarisch produzierenden Umland wurde durch die entschädigungslose Enteignung der größeren Bauerngüter im Herbst 1945 zusätzlich erschwert. Dieser oftmals noch immer als »Bodenreform« verharmloste Raubzug betraf allen privaten Landbesitz im Umfang von mehr als 100 Hektar. Das bäuerliche Eigentum wurde parzelliert, in Staats- und Parteibesitz überführt oder an bisher landlose »Neubauern« verteilt, die im Ackerbau unerfahren und in den meisten Fällen mit der ihnen unvertrauten Arbeit völlig überfordert waren. Es kam zu deutlichen Ernteeinbußen und, vor allem im Winter 1946/47, zu gravierenden Ernährungsengpässen. Im Chemnitzer Ortsteil Ebersdorf entstand 1952 im Rahmen weitergehender Enteignungsmaßnahmen die erste Landwirtschaftliche Produktionsgenossenschaft (LPG) – bis 1960 waren nahezu alle Chemnitzer Agrarbetriebe kollektiviert.

In die gleiche gesellschaftspolitische Richtung wie die Vernichtung überlieferter agrarischer Besitzstände zielte die Zerschlagung industrieller Großbetriebe. Ein im Juni 1946 landesweit durchgeführter »Volksentscheid« hatte ursprünglich nur

Das bombenzerstörte Chemnitz im Frühjahr 1945.

FREMDE UND FREMDSEIN IN CHEMNITZ

Chemnitz war immer wieder – und ist mittlerweile erneut – ein Fluchtpunkt für ausländische Zuwanderer, die hier nicht selten eine neue Heimat fanden.

Nach Ausbruch des Dreißigjährigen Krieges 1618 waren große Massen von Menschen in ganz Mitteleuropa in Bewegung – eine spezifische Gruppe unter ihnen bildeten die böhmischen Exulanten. Seitdem die Habsburger den Ständeaufstand in Böhmen niedergeschlagen und mit der Rekatholisierung des Landes begonnen hatten, musste sich dessen protestantische Bevölkerung zwischen dem Gang ins Exil oder lebensbedrohlicher Unterdrückung entscheiden. Glaubensflüchtlinge verließen infolgedessen zwischen 1620 und 1670 in großer Zahl ihre Heimat und gelangten über den west- und nordböhmischen Grenzraum nach Sachen. Chemnitz war in diesem Zusammenhang ein häufig aufgesuchter Zielort. Kurfürst Johann Georg I. informierte den Rat der Stadt 1623 darüber, dass er der Ansiedlung böhmischer Exulanten in deren Mauern grundsätzlich zustimme. 1632 beauftragte er die Stadt mit der Zusammenstellung einer Liste von

Exulanten, die dauerhaft in Chemnitz zu bleiben wünschten. Diese Liste umfasste mehrere hundert Namen.

Seit Etablierung der *Technischen Bildungsanstalt* in der Stadt 1836 wurde Chemnitz ein beliebtes Ziel ausländischer Studierender. Die *Gewerbschule* zog insbesondere Gäste aus Russland und den böhmischen Gebieten Österreich-Ungarns an. In der Studentenstatistik wurde dabei ausdrücklich zwischen nicht-deutschen und nicht-sächsischen Studenten unterschieden. Zu Zeiten der DDR kamen neue Studenten aus den sogenannten sozialistischen Bruderländern hinzu. Heute (2018) sind an der *Technischen Universität Chemnitz* über 3.000 Studierende aus der ganzen Welt immatrikuliert – ein knappes Viertel der gesamten Studentenschaft.

Eine sehr spezifische Situation in der europäischen Migrationsentwicklung ergab sich nach dem Ende des Zweiten Weltkriegs. Mit der Besetzung Osteuropas durch die Rote Armee mussten weit über 12 Mio. Deutsche ihre angestammte Heimat verlassen. Etwa 1 Mio. von ihnen fand eine erste Zuflucht in Sachsen und wurde in Auffanglagern versorgt. Innerhalb weniger Jahre fanden viele Heimatvertriebene in den dominierenden Industriezweigen der Stadt eine neue Anstellung, andere Flüchtlinge zogen es vor, in den Westen abzuwandern.

Prokop Týle

die Verstaatlichung von Unternehmen ausgewiesener »Nazi- und Kriegsverbrecher« eingefordert. Mit dieser zugkräftigen Propagandaformel war in Chemnitz eine über 80-prozentige Zustimmung zur Enteignungskampagne erzielt worden, das beste Ergebnis aller sächsischen Großstädte. Rasch jedoch fanden sich auf den Enteignungslisten nicht nur solche Großbetriebe, die in die nationalsozialistische Rüstungsproduktion einbezogen gewesen waren, sondern zunehmend auch politisch weitgehend unbelastete Betriebe, bis hin zur traditionsreichen *Sächsischen Brotfabrik-Union Emil Reimann*, die (1925) immerhin als zweitgrößte Bäckerei Deutschlands firmiert hatte. Insgesamt wurden auf diesem Weg weit über 100 Chemnitzer Unternehmen enteignet oder – wie es im verlogenen SED-Parteijargon hieß – »in die Hände des Volkes gelegt«. Das vollmundig verkündete Ziel, durch »Erhöhung der Arbeitsproduktivität« den »Sieg der sozialistischen Produktionsverhältnisse« zu erringen, war vor diesem Hintergrund illusionär, zumal angesichts einer desaströsen Demontage- und Reparationspolitik des Besatzungsregimes, der bis 1949 auch im Raum Chemnitz unzählige der leistungsstärksten örtlichen Industrieanlagen zum Opfer fielen. Sie wurden zumeist komplett abgebaut und in die Sowjetunion transportiert.

Ab Mitte 1946 überführten die Sowjets einzelne Betriebe als *Sowjetische Aktiengesellschaften* (SAG) direkt in ihren Besitz. Die für Chemnitz und den westsächsischen Raum insgesamt bedeutendste dieser Gründungen war die SAG *Wismut*, die seit Juni 1947 den Abbau reichhaltiger Uranerzvorkommen im westlichen Erzgebirgsraum um Johanngeorgenstadt, Schneeberg und Bad Schlema betrieb. Seit 1949 residierte die Generaldirektion des Unternehmens in Chemnitz, seine Umbenennung in *Sowjetisch-Deutsche Aktiengesellschaft* (SDAG) 1954 änderte an den tatsächlichen Strukturen wenig. Das in den Gruben geförderte Uran leistete, wie man heute weiß, einen entscheidenden Beitrag zur Zündung der ersten sowjetischen Atombombe im August 1949 und damit zum Aufstieg der UdSSR in den Kreis der nuklearen Supermächte. In den 1950er- und 1960er-Jahren, auf dem Höhepunkt des Kalten Krieges, rangierte die Menge des von der *Wismut* zu Tage geförderten Uranerzes weltweit an erster Stelle. Privilegierte Beschäftigungsverhältnisse, erhöhte Gehaltszahlungen und außerordentliche betriebliche Sozialleistungen sollten die starken gesundheitlichen Gefährdungen der Mitarbeiter kompensieren, die durch radioaktive Strahlenbelastung entstanden. Erst nach dem Ende der DDR wurde die Tätigkeit der *Wismut* im Mai 1991 offiziell eingestellt.

Eine neue Stadt

Wer sich in den Jahren vor den verheerenden Bombenangriffen Anfang 1945 durch die Hauptverkehrsstraßen der Chemnitzer Innenstadt bewegte, der mochte sich mancherorts an die

Häuserfluchten des viktorianischen London erinnert fühlen, wie sie bis heute zahlreiche Viertel im Zentrum der britischen Hauptstadt prägen. Hitlers Krieg hatte all das in Schutt und Asche versinken lassen. An der Stelle des alten, für immer untergegangenen Chemnitz entstand jetzt eine vollkommen neue Stadt, mit deren Ausgestaltung die DDR-Führung ihre Vorstellung von einer modernen »sozialistischen« Metropole verwirklichen wollte.

Einen ersten Schritt auf diesem Weg bildete die administrative Neuordnung des Stadtgebiets. 1950 wurden mit Glösa, Harthau, Adelsberg, Erfenschlag, Rabenstein und Siegmar-Schönau schlagartig sechs angrenzende, zuvor selbständige Orte eingemeindet. Anders als in allen bisherigen Fällen wurden dabei weder die jeweils betroffenen Gemeindevertretungen noch gar die ortsansässige Einwohnerschaft um ihre Meinung gefragt. Infolge der Gebietserweiterungen erlebte Chemnitz einen Bevölkerungszuwachs von etwa 40.000 auf knapp 294.000 Einwohner, womit freilich der Vorkriegsstand nicht wieder erlangt werden konnte. Während das waldreiche Glösa, das dicht besiedelte Harthau, das agrarisch dominierte Adelsberg und das entlegene Erfenschlag kaum nennenswerte Industrie aufzuweisen hatten, gelangten mit der Einverleibung von Rabenstein und Siegmar-Schönau zwei wirtschaftlich ausgesprochen starke und finanziell leistungsfähige Kommunen nach Chemnitz. Alle ehemaligen Vororte gingen zunächst in den 1952 geschaffenen sieben städtischen Verwaltungsbezirken auf, 1961 erfolgte deren Umwandlung in drei Stadtbezirksverwaltungen. Dem 1953 seitens der SED-Führung verkündeten Prinzip einer »administrativen Demokratisierung« konnten derart autoritär vollzogene Maßnahmen ebenso wenig gerecht werden wie die bereits länger zurückliegende Degradierung des Stadtrates zum Vollzugsorgan der Stadtverordnetenversammlung. Nach Auflösung des Landes Sachsen durch das Politbüro der SED im April 1952 wurde Chemnitz – neben Dresden und Leipzig – zu einer der drei DDR-Bezirkshauptstädte auf ehemals sächsischem Boden. An die Spitze des neuen »Rates des Bezirks Chemnitz« trat der bisherige Oberbürgermeister Max Müller; sein Amtsnachfolger wurde der ehemalige Leiter des Chemnitzer Schlacht- und Viehhofs Kurt Berthel (1897–1960), wie Müller gleichfalls ein altgedienter KPD-Funktionär, Stadtverordneter von 1926 bis 1933 und Stadtrat ab 1948, der die rigorose SED-Klientelpolitik seines Vorgängers bedenkenlos fortsetzte.

Seinen angestammten Namen durfte der eben erst neu geschaffene Bezirksverwaltungsmittelpunkt freilich nicht mehr lange behalten. Anlässlich des von der DDR-Führung Anfang 1953 ausgerufenen »Karl-Marx-Jahres« – Grund war der 135. Geburtstag des Trierer Philosophen – beschloss das Zentralkomitee der SED die Umbenennung der »Arbeiter- und Bauernstadt« Chemnitz in »Karl-Marx-Stadt«. Am 10. Mai 1953 wurde die Neutaufe in einem aufwendig inszenierten Staatsakt im noch weitgehend zerbombten Zentrum vor etwa 180.000 eigens herbeibeorderten Teilnehmern vollzogen. Die Bürger der Stadt waren auch diesmal vorher nicht befragt worden, die Namensänderung erfolgte als obrigkeitsstaatlicher Willkürakt, den der Hauptredner des Tages, DDR-Ministerpräsident Otto Grotewohl, in seiner Festansprache mit dem Verweis auf Chemnitz als »Stadt der harten und schweren Arbeit, der Not und des Elends« bemäntelte. Chemnitz sei darüber hinaus »die Stadt der aufstrebenden, der kämpfenden revolutionären Arbeiterbewegung mit einer stolzen und siegreichen Tradition« gewesen und werde, so Grotewohl weiter, »ein Zentrum des sozialistischen Aufbaus in der Deutschen Demokratischen Republik sein, ein Zentrum des Maschinen- und Schwermaschinenbaus«. Der Umbenennung der Stadt folgten in den kommenden Jahren und Jahrzehnten Namensänderungen zahlreicher Straßen, als deren Patrone zumeist kommunistische Aktivisten firmierten, die sich zu Zeiten der Weimarer Republik als Gegner und Feinde der parlamentarisch-demokratischen Ordnung in Deutschland erwiesen hatten. Die schlimmsten (jedoch keineswegs alle) Fehlgriffe dieser Art sind nach 1990 durch Rückbenennungen wieder behoben woren.

Ob die relative Ruhe im nunmehrigen Bezirk Karl-Marx-Stadt während des Volksaufstands gegen das sich zu Karl Marx bekennende SED-Regime am 17. Juni 1953 in einen Zusammenhang mit der nur fünf Wochen zuvor erfolgten Namens-

Das seit 1974 entstandene größte Plattenbaugebiet der Stadt »Fritz Heckert« gilt heute als eine der problematischsten Hinterlassenschaften des »real existierenden Sozialismus«.

änderung gebracht werden kann, ist bis heute nicht zweifelsfrei erwiesen. Anders als in vielen Orten der DDR hielten sich hier Arbeitsniederlegungen und Demonstrationen eher in Grenzen. Jedenfalls war die Partei- und Staatsführung über die Stimmungslage der Einwohnerschaft beim Umbenennungsakt gut informiert – und so möglicherweise darauf vorbereitet, Protestaktionen schon im Ansatz zu unterdrücken. Bei einer zur »Abwehr« des »konterrevolutionären Putsches« vom 17. Juni wenige Tage später von der SED einberufenen Massenversammlung erschienen statt der erwarteten 80.000 nur etwa knapp 3.000 Teilnehmer. Eine andere Großkundgebung hingegen brachte, knapp zwei Jahrzehnte später, tatsächlich Hunderttausende in Bewegung: die Enthüllung des Karl-Marx-Monuments im Stadtzentrum durch den damals erst seit fünf Monaten amtierenden DDR-Staatsratsvorsitzenden Erich Honecker (1912–1994) am 9. Oktober 1971. Der sowjetische Bildhauer Lew Jefimowitsch Kerbel (1917–2003) hatte mit der monumentalen, 7,10 m hohen Bronzeplastik des Philosophenkopfes die zweitgrößte Portraitbüste der Welt geschaffen. Hinter dem Denkmal

DAS KARL-MARX-MONUMENT – »DER NISCHEL«

Der 7.10 Meter hohe und ca. 40 Tonnen schwere Bronzekopf des Urvaters des Sozialismus Karl Marx gilt heute als das Wahrzeichen der Stadt Chemnitz. Die Geschichte des »Nischel«, wie der Chemnitzer Volksmund »seinen« Kopf in Anlehnung an das mitteldeutsche Wort für diesen Körperteil nennt, beginnt im Jahr 1961. Walter Ulbricht ist in Moskau zugegen, als dort die Karl-Marx-Statue, geschaffen von Lew Jefimowitsch Kerbel, feierlich enthüllt wird. Tief beeindruckt wünscht er sich so eine Statue auch für die DDR. Langsam reift der Gedanke, das geplante Denkmal in der Stadt zu errichten, die seit 1953 auch dem Namen von Karl Marx verpflichtet ist. Einen Künstlerwettbewerb für das beste Modell, wie sonst oftmals üblich, gibt es auf Wunsch Ulbrichts und der Partei allerdings nicht.

Im Sommer 1966 kommt Kerbel zum ersten Mal in die Stadt, um das Monument zu planen. Im Juni darauf stellt er seinen Entwurf für eine stehende Figur vor. Doch schnell ist allen Beteiligten klar: mit diesem Entwurf hätte der Philosoph für den nahen Betrachter riesige Füße und einen im Verhältnis dazu winzigen Kopf. So sucht man nach anderen Möglichkeiten. Anfang 1968 präsentiert der Künstler ein neues Modell des Bronzekopfes auf einem Granitsockel. Viele Betrachter sind zunächst schockiert. Es folgt am 2. Mai 1968 eine Diskussion mit wichtigen Vertretern aus Kunst und Kultur. Die damalige Repräsentantin des *Verbandes Bildender Künstler der DDR*, Lea Grundig, fasst diese kontroverse Diskussion so zusammen: »Diese Arbeit ist die erste, die in den städtebaulichen Komplex hineinpasst, weil sie mit der Idee des Aufbaues gewachsen ist. Der Kopf ist so geformt, dass er zur Personifizierung unserer Gedanken wurde.«

Auf Grundlage der Ergebnisse dieser Diskussion und der »Empfehlung« der Partei entscheiden sich die Stadtverordneten für den Entwurf, am 9. Oktober 1971 wird das Monument enthüllt und mit einem großen Volksfest gefeiert, künstlerisch umstritten bleibt es weiterhin.

So verwundert es nicht, dass bald nach der Wende und dem Entscheid der Karl-Marx-Städter, lieber wieder Chemnitzer sein zu wollen, die Frage nach dem Fortbestand des »Nischel« im Raum steht. Man erwägt, ihn einfach abzureißen, doch als Städte aus aller Welt ihr Interesse an seinem Erwerb bekundet, besinnen sich die Chemnitzer. Seither wird der Kopf heißgeliebt und als Wahrzeichen der Stadt eifrig vermarktet.

In jüngster Zeit zieht der Kopf sogar wieder die Massen an, denn mit der Konzertreihe *Rock am Kopp* hat er sein eigenes Event bekommen.

Linda Wüstner

wurde eine Schriftwand aus Aluminiumguss platziert, die in vier Sprachen das Hauptmotto aus dem »Kommunistischen Manifest« von 1848 wiederholte: »Proletarier aller Länder, vereinigt euch!« Lange Zeit ideologisch vereinnahmt, hat sich der Marx-Kopf (»Nischel«) mittlerweile als das von den meisten Chemnitzer Bürgern weithin akzeptierte Wahrzeichen der Stadt etabliert.

Zum neuen Bild der neuen Stadt gehörte nach 1950 deren architektonische Umgestaltung. Auch in dieser Hinsicht standen programmatische Absichten im Vordergrund, Rücksichtnahmen auf überlieferte Straßenführungen gab es dabei nur in Ausnahmefällen. Nach der unter großen Mühen erfolgten Bewältigung des Trümmerschutts begann Anfang der 1950er-Jahre die Errichtung erster geschlossener Wohnbauzeilen in teils traditionalistischer, teils historisierender Formensprache, die als »Architektur nationaler Tradition« das Baugeschehen in der frühen DDR offiziell dominierte. Der akute Wohnraummangel in der hoffnungslos demolierten Stadt brachte dann ein Jahrzehnt später den zeittypischen Übergang zur industriellen Plattenbauweise mit vorgefertigten Betonteilen und normierten Konstruktionselementen. Auf diese Weise entstanden zunächst im Stadtzentrum achtgeschossige Wohnblöcke. Wieder ein Jahrzehnt später wuchsen Neubauviertel am Stadtrand, als deren Größtes das Wohngebiet »Fritz Heckert« besondere Beachtung verdient. Es erstreckte sich (und erstreckt sich zum Teil weiterhin) über die Stadtteile Helbersdorf, Markersdorf, Kappel unter Einbeziehung des ehemaligen Flughafengeländes. Was damals als relativ komfortabler, mit zugeordneten Dienstleistungs- und Versorgungseinrichtungen ausgestatteter Triumph »sozialistischer Lebens- und Wohnkultur« gefeiert und begehrt wurde, wirkt heute als monströses Monument einer glücklich überwundenen Epoche der Stadtgeschichte, mit dessen Rückbau 1989 begonnen wurde, wodurch sich die Einwohnerzahl des Gebiets von etwa 90.000 (1990) auf mittlerweile weit unter 40.000 mehr als halbierte. Zeitgleich zur Errichtung des »Heckert-Gebiets« entstand im Stadtzentrum, nach Abtragung vieler vom Bombenkrieg noch verschont gebliebener Gebäude, eine Reihe moderner architektonischer Komplexe von teilweise beachtlicher Qualität – Hotels (*Interhotel Kongress*, 1969–1974; heute: *Dorint-Kongresshotel*) ebenso wie Verwaltungszentren (*Haus der Staatsorgane des Bezirks*, 1970–1979; heute: *Landesbehördenhaus*) oder Veranstaltungsmittelpunkte (*Stadthalle*, 1969–1974). Zu Beginn der 1980er-Jahre begann erstmals die umfassende Sanierung eines traditionellen Wohnviertels (*Brühl-Boulevard*, ab 1980). Andere wertvolle Altbausubstanz hingegen wurde entweder (wie im Sonnenbergviertel, seit 1981) abgerissen oder (wie im Kaßberg-Viertel) schleichendem Verfall preisgegeben.

Auf dem Weg zur »allseits entwickelten sozialistischen Persönlichkeit«?

Früh schon gelangten in der zerstörten Stadt die gleichfalls stark in Mitleidenschaft gezogenen Kultur-, Bildungs- und Freizeiteinrichtungen wieder in Betrieb. 1951 eröffnete das Opernhaus. Im selben Jahr konnte das Stadtbad wieder benutzt, bereits 1950 eine neue Radrennbahn eingeweiht werden. Im April 1947 nahmen unter der Bezeichnung *Technische Lehranstalten* die Abteilungen der früheren Gewerbeakademie (seit 1929: *Staatliche Akademie für Technik*) mit 466 Studierenden ihre Arbeit wieder auf. Nach weiteren Umbenennungen (1952: *Fachschule für Maschinenbau und Elektrotechnik*; 1953: *Hochschule für Maschinenbau Karl-Marx-Stadt*) geriet indes auch diese höchste Ausbildungsstätte am Ort in den Sog der »antifaschistisch-demokratischen Umwälzung«, die im Erziehungssektor mit dem rigorosen Abbau bürgerlicher Bildungsprivilegien und der programmatischen Förderung von Kindern aus bildungsfernen Sozialschichten verbunden war. 1955 wurde an der Hochschule eine eigene *Arbeiter-und-Bauern-Fakultät* etabliert, die bis zu ihrer Auflösung 1962 fast 1.500 »Arbeiter- und Bauernkinder« – oder weniger pathetisch ausgedrückt: Jugendliche ohne Abitur – zur Hochschulreife führte. 1965 wurde an der Hochschule die pädagogische Ausbildung intensiviert, seit 1963 war für alle männlichen Studierenden eine militärische Grundschulung Pflichtbestandteil des Studiums, Studentinnen durchliefen ein Vormilitärisches Training oder eine Luftschutzausbildung. Die konsequente Ideologisierung des DDR-Universitätslebens im Sinne der SED-Parteidoktrin machte auch vor den Toren der Karl-Marx-Städter Hochschule nicht halt. »Marxismus-Leninismus« galt, wie überall in der DDR, ab 1951 als Pflichtlehre für sämtliche Fachrichtungen, gebündelt in der 1968 etablierten Fakultät für Gesellschaftswissenschaften. Der Anteil von SED-Mitgliedern unter den Professoren nahm kontinuierlich zu – und auch die wohl unappetitlichste Facette der SED-Herrschaft forderte am Ort ihren Tribut: Beim Zusammenbruch der DDR, im November 1989, verzeichnete die Statistik 80 »Inoffizielle Mitarbeiter« (IM), die an der Karl-Marx-Städter Hochschule Spitzeldienste für das Ministerium für Staatssicherheit (MfS) leisteten.

Das Bemühen um eine »sozialistische Nationalkultur«, die den »Klassenstandpunkt« und die vermeintlich schöpferische Rolle des Proletariats im geschichtlichen Entwicklungsprozess konsequent artikulierte, stand von Anfang an im kultur- und bildungspolitischen Fokus der kommunistischen Führung. Als maßgeblicher Verfechter eines entsprechend ausgerichteten linkstotalitären Kurses agierte in Chemnitz der Hilfslehrer und Buchhalter Hans Riesner (1902–1976), Stadtverordneter von 1946 bis 1950 und 1951/52 sächsischer Minister für Volksbildung. Unmittelbar nach Kriegsende war damit begonnen worden, durch massive Einstellung von oftmals nur sehr mangelhaft ausgebildeten »Neulehrern«, bei denen, wie in vielen anderen Bereichen, Eignung und Wissen durch linientreue Gesinnung wettgemacht werden sollten, nicht nur eindeutig nationalsozialistisch belastetes Personal aus den Schulen zu entfernen, sondern auch zahlreiche bewährte bürgerliche Lehrkräfte durch Berufsverbot auszuschalten. Anfang 1946 befanden sich unter den insgesamt 406 Chemnitzer Volksschullehrern bereits 287 »Neulehrer«. Auch wenn keineswegs alle von ihnen bedingungslose Gefolgsleute des neuen Regimes waren, so wirkte ihre Formation doch insgesamt deutlich zu Gunsten einer Durchsetzung des offiziellen Lenkungs-, Steuerungs- und Kontrollanspruchs, den die SED-Führung im Bereich der schulischen Bildung erhob.

Vergleichbares galt mit Blick auf den *Kulturbund zur demokratischen Erneuerung Deutschlands*, dessen Chemnitzer Ortsgruppe im Dezember 1945 unter der Präsidentschaft des zeitweise in seine Heimatstadt zurückgekehrten Malers Karl Schmidt-Rottluff gegründet worden war. Hier sollten die städtischen Kulturelite im Zeichen »antifaschistischen« Engagements zusammengeführt werden und in überparteilicher Solidarität am Aufbau einer freien und demokratischen Gesellschaft mitwirken. Wie alle anderen kulturellen und gesellschaftlichen Organisationen in der DDR wurde der *Kulturbund* ab 1950, angesichts wachsender weltpolitischer Spannungen im Einzugsfeld des Kalten Krieges, zusehends für die ideologischen Leitvorstellungen der SED in Dienst genommen. Doch bot vor allem der 1956 als »Grundorganisation« des »Kulturbunds« in Karl-Marx-Stadt etablierte *Klub der Intelligenz ›Pablo Neruda‹* (mit zuletzt über 1.000 Mitgliedern) nicht nur einen Treffpunkt für Begegnungen, Gespräche und Diskussionen zwischen den »Geistesschaffenden« am Ort, sondern auch ein Forum für qualitativ hochwertige kulturelle Veranstaltungen unterschiedlichster Art – von Vorträgen und Autorenlesungen bis zu Filmvorführungen und Kunstausstellungen.

In ähnliche Richtungen wies das Profil des 1976 durch einen Brand zerstörten, 1980 wiederaufgebauten Städtischen Schauspielhauses. Unter der allseits anerkannten Leistung seines fast ein Vierteljahrhundert (1966–1990) amtierenden Generalintendanten Gerhard Meyer (1915–2002) präsentierte die Karl-Marx-Städter Bühne »großes Theater«, das – bei allen unvermeidlichen Zugeständnissen an die kulturpolitischen Vorgaben der SED – doch immer wieder Raum für unkonventionelle und auf jeden Fall anspruchsvolle Inszenierungen bot – so etwa 1986 mit Heiner Müllers Stück *Der Bau*.

Alternative Formen künstlerischer Artikulation fernab der offiziell verordneten Kulturpflege vermochten sich in der Stadt während der letzten anderthalb Jahrzehnte der DDR verstärkt Gehör zu verschaffen – wie alles Nonkonforme und Unangepasste kritisch beäugt und beschnüffelt von den allgegenwärtigen Informanten des MfS. Die 1973 gegründete *Galerie Oben* präsentierte in ihren zentral am Marktplatz gelegenen privaten Ausstellungs- und Verkaufsräumen Werke avantgardistischer Kunst, jenseits der parteiamtlichen Doktrin des »Sozialistischen Realismus«. Sie entwickelte sich in Verbindung mit der von 1977 bis 1982 im Ortsteil Adelsberg aktiven Künstlergruppe *Clara Mosch* zum wichtigsten Anlaufpunkt einer zwar nicht unbedingt subversiven, aber von staatlichen Vorgaben weitgehend unabhängigen und unangepassten Kulturszene. Ihre maßgeblichen Repräsentanten – allen voran der Graphiker Thomas Ranft (*1945), der Objektkünstler Michael Morgner (*1942) und der Graphiker und Autor Carlfriedrich Claus (1930–1998) – schufen Werke von beachtlichem Rang, der auch von der Karl-Marx-Städter Bezirksleitung des *Verbandes Bildender Künstler der DDR* unter Federführung des renommierten Designers Claus Dietel (*1934) nicht ignoriert werden konnte. In den fortgeschrittenen 1980er-Jahren formierte sich dann so etwas wie ein subkulturelles Milieu. In seinem Einzugsfeld agierten randständig-anarchische Aktionskünstler wie Klaus Hähner-Springmühl (1950–2006), Jungfilmer wie Claus Löser (*1962) und Musiker wie Frank Bretschneider (*1956, Experimentalband *AG Geige*), die in Hinterhofateliers, Künstlerkneipen und Musikschuppen alternative Lebensformen praktizierten und 1983 die einzige oppositionelle Untergrundzeitschrift der Stadt (*A Drei*) in Kleinstauflage herausbrachten.

Den stärksten Gegensatz zum Außenseiter- und Aussteigertum dieser subkulturellen Kulturszene bildeten die aufwendig inszenierten und von gewaltigem Propagandagetöse flankierten »künstlerischen Selbstbetätigungen der Werkschaffenden«. Ein *Kulturpalast der Bergarbeiter* für die SAG *Wismut* in Chemnitz-Siegmar war schon 1950 fertiggestellt worden. Ab 1960 verstärkten sich die städtischen Anstrengungen zur Schaffung einer »proletarischen« Kultur, die man durch unmittelbares

Engagement der Arbeiterschaft in den Betrieben zu implementieren hoffte. Einrichtungen wie das »Volkskunstkollektiv des VEB Werkzeugmaschinenkombinats ›Fritz Heckert‹ Karl-Marx-Stadt« oder das »Volkskunstensemble des VEB Großdrehmaschinenbau ›8. Mai‹ Karl-Marx-Stadt« waren Manifestationen solchen Eifers. Arbeitersängerfeste, »Feste des Liedes und des Tanzes«, »Feste der Maschinenbauer« und ähnliche Darbietungen sollten die Entwicklung einer »sozialistischen Massenkultur« befördern helfen und die in ihr vermeintlich herrschende Lebensfreude artikulieren. Anspruch und Wirklichkeit klafften hier, wie in allen totalitären Regimen, in der Regel weit auseinander.

Die Bezirksstadt als sozialistische Industriemetropole

Die Ausgangsbedingungen für die wirtschaftliche Entwicklung Karl-Marx-Stadts waren alles andere als günstig, die schon angedeuteten Schwierigkeiten enorm und weitaus gravierender als an vielen vergleichbaren deutschen Orten in Ost und West. Kriegszerstörungen, Demontagen, Reparationsleistungen und Enteignungsmaßnahmen behinderten den wirtschaftlichen Neubeginn, Planungsunsicherheiten führten zu zahlreichen Unternehmensabwanderungen – bei der *Auto Union AG Chemnitz* hatte man schon im Sommer 1944 mit Überlegungen für eine Evakuierung des Verwaltungsstabes nach Süddeutschland begonnen. Im Mai 1945 verließ die Unternehmensführung die Stadt und startete 1949 von Ingolstadt aus einen erfolgreichen Neuaufbau. Den frühen Verstaatlichungen bis 1948 folgte eine zweite große Enteignungswelle, die bis 1972 alle bisher noch privaten Karl-Marx-Städter Handwerksbetriebe vernichtete.

Gleichwohl gelang der Stadt durch die Arbeitsfreude ihrer Bewohner seit Mitte der 1950er-Jahre der Wiederaufstieg zu einem bedeutenden Industriezentrum. Den branchenmäßig größten Anteil daran hatte der hier traditionell führende Werkzeug- und Textilmaschinenbau. Entsprechende Erzeugnisse genossen lange Zeit auch außerhalb der DDR hohes Ansehen und entwickelten sich in den 1960er- und 1970er-Jahren zu regelrechten Exportschlagern. Jede vierte Werkzeugmaschine und jede dritte Textilmaschine, die in der DDR gefertigt wurde, entstammte einem der städtischen Industriebetriebe, die Region erwirtschaftete etwa 20 % der Industrieproduktion des gesamten Landes. Hinzu kamen neue Branchenzweige, so die zeitweise stark aufblühende Herstellung elektronischer Rechen- und Buchungsmaschinen, später die Computer- und Datenverarbeitungstechnik, die Büromaschinenproduktion und die Strickmaschinentechnologie. In dieser Sparte hatte der aus der Region stammende Färbereitechniker Heinrich Mauersberger (1909–1982) 1948 sein »Verfahren zur Herstellung von Kettenstichware« patentieren lassen, das mittels einer besonderen Nähwirktechnik nicht nur die Textilwarenproduktion vereinfachte und beschleunigte, sondern auch einen neuen Zweig des Textilmaschinenbaus in Karl-Marx-Stadt begründete *(VEB Nähmaschinenbau Malimo Karl-Marx-Stadt)*. Die örtlichen Textil- und Maschinenbaubetriebe hielten engen Kontakt zu den entsprechenden Fakultäten und Instituten der *Hochschule für Maschinenbau*, die 1963 den Status einer *Technischen Hochschule*, ab 1986 den einer *Technischen Universität* erhielt und sich – als zweitgrößte technische Ausbildungsstätte der DDR – verstärkt um die Intensivierung praxisorientierter Forschung und Lehre bemühte. Ins Hintertreffen geriet der lange Zeit so erfolgreiche Werkzeugmaschinenbau – und mit ihm das Kernstück der Karl-Marx-Städter Industrieproduktion – erst seit den frühen 1980er-Jahren, zu einem Zeitpunkt, als Werkzeugmaschinen auf dem Weltmarkt immer weniger nachgefragt wurden, sofern sie keine Mikroelektronik enthielten. Zum sachgerechten Einbau solcher Steuerungselemente war die Chip-Industrie der DDR jedoch nicht in der Lage.

Chemnitz im vereinigten Deutschland: 1990–2018

Politische Wende und demokratischer Neubeginn

Wirtschaftliche Schwierigkeiten offenbarten im letzten Drittel der 1980er-Jahre auch im sozialistischen Vorzeigeort Karl-Marx-Stadt die Brüchigkeit der »entwickelten sozialistischen Gesellschaft der DDR«. Wachsender Unmut über die Reformunwilligkeit der politischen Führung ließ die Zahl der Ausreisewilligen im Bezirk deutlich ansteigen – 1982 waren es 300, 1987 bereits 800, und 1989 belief sich ihre Zahl allein bis September auf 1.600. Die nachweisliche Fälschung der DDR-Kommunalwahlergebnisse am 7. Mai 1989 trieb den Bürgerunwillen weiter voran – in Karl-Marx-Stadt lag der Anteil der für die Kandidaten der Einheitsliste *Nationale Front* abgegebenen Stimmen mit 97,13 % geringfügig unterhalb des angeblich erzielten Landesdurchschnitts von 98,85 %, der allerdings schon Wochen vor der »Wahl« offiziell festgelegt worden war. Der hilflose Umgang der Stadtverordnetenversammlung mit diesem öffentlich bekannten Skandal ebnete nun auch im Bezirk den Boden für eine rasche Institutionalisierung oppositioneller Strömungen. Hier waren es vor allem kirchliche Friedensgruppen und Vertreter der am 19. September 1989 in Karl-Marx-Stadt mit dem Ziel einer demokratischen Umgestaltung der Gesellschaft etablierten Bürgerbewegung *Neues Forum*, die der politischen Wende am Ort zuarbeiteten. Weitgehend friedlich verlaufende Massenproteste mündeten ab Mitte Oktober in Vermittlungsgespräche zwischen der Stadtverwaltung und Vertretern der Opposition. Eine seit Ende 1989 aktiv für die neuerliche Namensänderung der Stadt werbende Initiative führte bereits im April 1990 zum Erfolg: Ein Bürgerentscheid brachte eine über 76-prozentige Zustimmung zur Rückbenennung in »Chemnitz«. Die neu gewählte Stadtverordnetenversammlung trug diesem

Bürgerwunsch in ihrer konstituierenden Sitzung am 1. Juli 1990 Rechnung.

Bei den ersten freien Kommunalwahlen seit 1946 im Mai 1990 bewarben sich in der Stadt 19 Parteien und Gruppierungen um 80 zu vergebende Sitze in der Stadtverordnetenversammlung. Stärkste Partei wurde damals die »gewendete« CDU (36,6 %). Sie bildete mit der im Januar 1990 wiedergegründeten SPD (17,7 %), der (als Partnerpartei der bayerischen CSU firmierenden) Deutschen Sozialen Union (DSU) (6,6 %), zwei liberalen Gruppierungen (7,4 %) und dem sozial-ökologisch orientierten »Demokratischen Aufbruch« eine Große Koalition, die über 46 Sitze im Stadtrat verfügte. Zuvor hatten die Sozialdemokraten das Angebot der nunmehr als Partei des Demokratischen Sozialismus (PDS) agierenden ehemaligen Einheitssozialisten (16,5 %) zu einer Zusammenarbeit in kommunalen Angelegenheiten einhellig abgelehnt. Die frisch gewählten Gemeindevertreter standen vor gewaltigen Herausforderungen. Die Aufgabenpalette reichte vom Umgang mit belasteten MfS-Spitzeln und einer Neuregelung ungeklärter Besitzverhältnisse über Verkehrs-, Infrastruktur- und Wohnraumdefizite, Probleme der Sanierung zerfallender Bausubstanz im Rahmen einer Neugestaltung der Innenstadt bis zu Fragen des Umweltschutzes angesichts der desaströsen Bilanz, die der sozialistische Raubbau an der Natur in der Region hinterlassen hatte.

Die beiden ersten von der neuen demokratischen Stadtverordnetenversammlung gewählten Chemnitzer Oberbürgermeister, der Bauingenieur und Unternehmensberater Dieter Noll (1939–2014) und der Maschinenschlosser und Ingenieur Joachim Pilz (1932–2012), beide CDU, waren diesen Herausforderungen nicht gewachsen und demissionierten jeweils schon nach kurzer Zeit. Erst unter dem dritten Chemnitzer Oberbürgermeister der Nachwendezeit, dem Sozialdemokraten Peter Seifert (*1941), gelang es ab 1993, die vielfach als chaotisch empfundene Kommunalpolitik in geordnetere Bahnen zu lenken und eine Prioritätensetzung bei den ungelösten Problemen des Neuanfangs vorzunehmen. Erhebliche Reibungsverluste entstanden dabei zunächst angesichts der (neuerlichen) Umstellung von einer vor 1989 zentralistisch ausgerichteten städtischen Verwaltungsstruktur auf das Prinzip der kommunalen Selbstverwaltung, wie es in Sachsen seit Erlass der *Allgemeinen Städteordnung* 1832 bis zum Einbruch der totalitären Katastrophen nach 1933 lange Zeit erfolgreich praktiziert worden war. Gemäß der seit 1993 geltenden neuen sächsischen Kommunalordnung hießen die auf fünf Jahre zu wählenden Gemeindevertreter hinfort nicht mehr »Stadtverordnete«, sondern »Stadträte«. Die Amtszeit des Oberbürgermeisters betrug nunmehr sieben Jahre, seine Wahl erfolgte direkt durch die Einwohnerschaft, nicht mehr durch die Stadtvertretung.

Die zweite Chemnitzer Kommunalwahl nach der »Wende« brachte 1994 eine deutliche Verschiebung der politischen Gewichte: Die SPD konnte ihren Stimmenanteil im Vergleich zu 1990 beinahe verdoppeln (34,6 %), die CDU verlor ein Drittel ihrer Wählerschaft (24,6 %), die SED-Nachfolgepartei PDS (22,8 %) und die Formation »Bündnis 90/Die Grünen in Sachsen« (9,6 %) vermochten sich zu konsolidieren, alle anderen Gruppierungen (Freie Demokratische Partei/FDP: 3,7 %, DSU: 1,6 %) sanken zur Bedeutungslosigkeit herab. Bei der gleichzeitig abgehaltenen Oberbürgermeisterwahl votierten 73,1 % für den Amtsinhaber Seifert, dessen neunmonatiges Wirken die große Mehrheit der Chemnitzer Bürger offensichtlich zu überzeugen vermocht hatte. 2001 wurde Seifert erneut wiedergewählt, 2006 schied er aus Altersgründen aus dem Amt. Seine Nachfolgerin Barbara Ludwig (*1962), SPD, amtiert seit 2006. Bei allen bisher folgenden Kommunalwahlen konnten CDU und PDS (seit 2007: »Die Linke«) jeweils etwa ein Viertel der Wählerstimmen für sich erringen, während die SPD an Zuspruch verlor (1999: 29,3 %, 2014: 19,5 %). Der parteipolitisch organisierte Rechtsradikalismus (Nationaldemokratische Partei, NPD) spielte in Chemnitz übrigens zu keiner Zeit eine nennenswerte Rolle (2009: 2,4 %, 2014: 2,0 %).

Jüngste Ereignisse – allen voran die zum Teil eskalierenden Großdemonstrationen im August 2018, die auf einen tödlichen Streit zwischen zwei Asylbewerbern und einem Deutsch-Kubaner folgten – bestimmten wochenlang das Bild der Stadt Chemnitz und ihrer Bewohner in den Medien. Sie verweisen indes nicht unbedingt auf eine »rechte« Stimmungslage in der Stadt – viele der Demonstranten waren keine Chemnitzer –, wohl hingegen besitzt Chemnitz spätestens seit dem vermehrten Zustrom von Arbeitskräften aus den seinerzeitigen »sozialistischen Bruderländern«, allen voran Vietnam und Mozambique, in den 1970er- und frühen 1980er-Jahren eine lange Tradition gastfreundschaftlicher Aufnahme von Fremden und Zugereisten, die sich bis in die Gegenwart vielfach bewährt hat und bewähren wird.

Vom »Plan« zum »Markt«: Aufschwung Ost?

Stärker als viele andere sächsische Kommunen litt Chemnitz nach 1990 unter dem Zusammenbruch des DDR-Wirtschaftssystems. Waren es doch gerade die beiden ehemaligen Leitindustrien, der Maschinenbau und die Textilproduktion, die sich dem nun stattfindenden fundamentalen Strukturwandel am stärksten ausgesetzt sahen. Bis zur deutsch-deutschen Währungsunion am 1. Juli 1990 hatten die osteuropäischen Länder des »Warschauer Paktes« in großer Zahl Werkzeugmaschinen aus der örtlichen Produktion bezogen. Dieser Markt verschwand jetzt gleichsam über Nacht. In Verbindung mit einer überstürzt realisierten Privatisierungspolitik der zur »Abwicklung« vermeintlich maroder (tatsächlich jedoch vielfach noch sanierungsfähiger) DDR-Betriebe eingesetzten »Treuhandanstalt« in Berlin führte das zur drastischen Reduktion der Belegschaften in fast allen ehemals Karl-Marx-Städter Werkzeugmaschinenkombinaten. Insgesamt verloren weit über 80 % der in der Maschinenbaubranche Beschäftigten damals ihre Arbeit. Noch dramatischer vollzog sich der Untergang der am Ort konzentrierten Textil- und Bekleidungsindustrie. Betroffen waren vor allem personell dicht besetzte Großbetriebe. Hier wurden bis zum Jahr 2000 fast 90 % der Stellen abgebaut.

Während die Textilindustrie in Chemnitz heute bis auf einige wenige Ausnahmen – so das inzwischen auch international erfolgreiche Modeunternehmen *bruno banani* (seit 1993) – kaum noch eine herausragende Rolle zu spielen vermag, gelang dem örtlichen Maschinenbau nach Überwindung der Transformationskrise eine seit der Jahrtausendwende kontinuierlich fortschreitende Konsolidierung. Mittelständisch geprägte Betriebe – wie etwa die *Niles-Simons Industrieanlagen*, die *Union Werkzeugmaschinen*, die *Starrag Heckert Werkzeugmaschinen* oder die *Karl Mayer Malimo Textilmaschinenfabrik* – haben die Stadt erneut zu einem wichtigen Produktionsstandort der Branche werden lassen und mit dazu beigetragen, dass Chemnitz mittlerweile, neben Dresden, die höchste Industriedichte aller Großstädte in den fünf ostdeutschen Bundesländern besitzt. Zum Wiederaufleben des örtlichen Maschinenbaus trugen darüber hinaus die Aktivitäten des 1991 mit Sitz in Chemnitz gegründeten *Fraunhofer-Instituts für Werkzeugmaschinen und Umformtechnik* maßgeblich bei. Das Institut erforscht, unter anderem, den Einsatz und die Entwicklung neuer Werkstoffe und Produktionsanlagen für den Maschinen-, Werkzeug- und Fahrzeugbau und prüft Möglichkeiten zur Effizienzsteigerung damit verknüpfter Fertigungsprozesse.

Einer ungebremsten Erfolgsgeschichte des »neuen« Chemnitz im Vereinigten Deutschland standen indes mancherlei Hemmnisse entgegen. Neben einer signifikanten Verminderung der Geburtenrate sorgte die überproportional starke Abwanderung qualifizierter Arbeitskräfte für einen massiven demografischen Schwund. Die Einwohnerzahl sank, trotz umfänglicher Eingemeindungen, von 315.000 im Jahr 1990 um mehr als 15 % auf 247.400 im Jahr 2017. Dabei ging die Einverleibung bisher eigenständig verwalteter Nachbarorte nicht ohne Konflikte vonstatten. Während die Eingemeindung von Euba (1994) sowie von Einsiedel, Klaffenbach und Kleinolbersdorf-Altenhain (1997) im Konsens mit den dort wohnenden Bürgern erfolgten, wurden die vier gewerbereichen, wirtschaftlich leistungsfähigen und wohlhabenden Orte Röhrsdorf, Grüna, Wittgensdorf und Mittelbach 1999 gegen den ausdrücklichen Willen der jeweiligen Gemeinden dem Stadtgebiet einverleibt – in Mittelbach hatten über 90 % der Einwohner dagegen votiert. Vielfach wurden damals ungute Erinnerungen bemüht, die ein vergleichbar obrigkeitsstaatliches Vorgehen der DDR-Behörden bei den Eingemeindungen von 1950 hinterlassen hatte. Das Vertrauen in die neue demokratische Ordnung erfuhr dadurch nicht unbedingt einen Zuwachs. Später freilich schwand der Verdruss, da die Anbindung an Chemnitz den neuen Ortsteilen mancherlei infrastrukturelle Vorteile eintragen sollte.

Andere kommunale Verdrießlichkeit bekümmern die Chemnitzer Bürger hingegen teilweise bis heute. Zu ihnen zählt eine in vielem als problematisch empfundene Verkehrs- und Infrastrukturplanung. Der 1999 unter hohen Kosten neu gestaltete Omnibusbahnhof – er war 1968 fertiggestellt worden und galt lange Zeit als eine der modernsten Verkehrsanlagen Europas – steht heute zur Disposition, weil ein neues Verkehrsbetriebskonzept (»Chemnitzer Modell«), das eine nahtlose Verzahnung der auf gleicher Spurweite laufenden Straßenbahn- und Eisbahnstrecke ermöglicht, sämtliche Bushaltestellen an einen anderen Ort verlegt. Damit ist der alte Knotenpunkt nutzlos geworden, was nicht bei allen Bürgern ungeteilte Zustimmung gefunden hat, zumal bei jenen nicht, denen die Anbindung ihrer Stadt an das Fernbahnnetz der Deutschen Bahn ein wichtigeres Anliegen ist. Noch immer besitzt Chemnitz als einzige deutsche Großstadt keinen Intercity- oder Interregio-Anschluss. Stattdessen dümpeln dicht besetzte Triebwagen bzw. DDR-Reichsbahn-Oldtimer aus den 1980er-Jahren auf den Strecken Chemnitz–Hof bzw. Chemnitz–Leipzig.

Derartige infrastrukturelle Übelstände liegen freilich nicht in der unmittelbaren Verantwortlichkeit der kommunalen Verwaltung, wohl aber die architektonische Gestaltung des Stadtzentrums. Die während der 1960er- und 1970er-Jahre vorgenommenen baulichen Veränderung hatten, bei aller unbestreitbaren Qualität einzelner Gebäude, keinen eigentlichen City-Bereich zu schaffen vermocht. Die Innenstadt blieb viel zu weiträumig, es mangelte überall an urbaner Verdichtung, und auch im ersten Jahrfünft nach der politischen Wende von 1989 gab es hier keine zielorientierte Konzeption. Erst seitdem der Stadtrat 1996 einen Grundsatzbeschluss zur Bebauung der City verabschiedete – er wurde 2001 durch ein »Integriertes Stadtentwicklungsprogramm« erweitert –, gewannen entsprechende Unternehmungen an Fahrt. Originelle Architekturschöpfungen wie die in historisierendes Gewand gekleidete Einkaufspassage *Galerie Roter Turm* (Architekt: Hans Kollhoff, 2000) oder der mit einer überdimensionalen Dachkonstruktion versehene gläserne Konsumtempel *Galeria Kaufhof* (Architekt: Helmut Jahn, 2001) stehen neben missglückten Gebilden aus Glas und Stahl (*Geschäftshaus Peek & Cloppenburg*, Architekt: Christoph Ingenhoven, 2003). Als trauriges »Prunkstück« einer vollmundig belobten »Mittelstandsmeile«, die zwischen 2001 und 2005 im neuen Stadtzentrum entstand, thront seit 2008 ein vielstöckiges Parkhaus in bester Citylage. Ein noch weitaus beschämenderes Beispiel bürgerfernen Planens aus der unmittelbaren Nachwendezeit bietet die 1995 trotz heftiger Proteste realisierte Neugestaltung des Theaterplatzes. Unterhöhlt von einer meist nur zu einem geringen Teil genutzten, weil an unpassendem Ort errichteten Tiefgarage, riegelt hier eine quadratisch gerasterte Platzfläche, die durch riesige, praktisch unbegehbare Treppen geradezu einbetoniert wird, das Ensemble von Opernhaus, König-Albert-Museum und Petrikirche gegen die angrenzende Straßenseite ab und isoliert damit gerade jenes Areal, das einen der Mittelpunkte städtischen Lebens bilden soll. Darüber hinaus entzog die Erlaubnis zum Bau von Einkaufszentren und Gewerbeparks im Umland (*Chemnitz Center, Neefepark, Sachsen-Allee*) der Stadt ebenso wertvolle Substanz wie sie der rücksichtslose Abriss verfallender, aber sanierungsfähiger Häuser und Fabrikanlagen aus der Gründerzeit und der Wilhelminischen Epoche architektonisch weiter verarmen ließ. »Rückbau« und »Renaturierung« – so die schönrednerischen Bezeichnungen für bis heute (2018) anhaltenden Kahlschlag – haben hier ausgedehnte grasüberwucherte Freiflächen im Stadtbild hinterlassen.

Gegenwart und Zukunft

Trotz solch partieller Misslichkeiten kann die Stadt heute auf ein insgesamt zufriedenstellendes »Wende«-Fazit zurückblicken. Siebzig Jahre nach der Totalzerstörung im Zweiten

Das 1998 eingerichtete Neue Hörsaalgebäude »Orangerie« auf dem Campus der *Technischen Universität Chemnitz* an der Reichenhainer Straße.

Weltkrieg und dreißig Jahre nach dem Zusammenbruch der DDR besitzt Chemnitz wieder ein zwar nicht übermäßig dicht pulsierendes, aber doch zumindest im Ansatz neu belebtes Zentrum. Industriebrachen sind mittlerweile weitgehend verschwunden, unsichere Besitzverhältnisse, die der Renovierung mancher Gebäude lange Zeit entgegenstanden, konnten fast überall geklärt werden. Ende April 2018 meldete die Regionaldirektion der Bundesagentur für Arbeit ein Rekordtief an Arbeitslosigkeit – mit 7,3 % lag Chemnitz hinter Leipzig (7,1 %) und Dresden (6,3 %) nur knapp über dem sächsischen Landesdurchschnitt (6,2 %). Von der ihm 1993 durch das Nachrichtenmagazin *Der Spiegel* zugeschriebenen Rolle eines »Aschenputtels des Ostens«, in dessen öden Betonwüsten der Wind pfeift, Wölfe heulen und Steppengräser wachsen, hat sich Chemnitz schon lange verabschiedet.

Zu den unbestrittenen Aktivposten der Stadt zählt eine lebendige Kunst- und Kulturszene von internationalem Format. Mit der Sanierung des Opernhauses war noch zu Zeiten der DDR – unter Verzicht auf eine originalgetreue Rekonstruktion der Innenraumausstattung – begonnen worden. 1992 erfolgte die Wiedereröffnung, bezeichnenderweise mit einer Inszenierung von Richard Wagners *Parsifal*, womit auf die langbewährte Tradition Chemnitzer Wagner-Pflege zurückgegriffen wurde. Unter der Leitung des von 1990 bis 2016 amtierenden Operndirektors Michael Heinicke (*1950) gelangten sämtliche Musikdramen des Komponisten am Ort zur Aufführung. Das Opernhaus genoss – und genießt weiterhin – bei Kennern den durch zahlreiche Gastspiele im Ausland bestätigten Ruf eines »Sächsischen Bayreuths«.

Ein vergleichbar hohes Ansehen erlangten die traditionsreichen *Kunstsammlungen Chemnitz* in den Räumen des König-Albert-Museums. Unter der ebenso unkonventionellen wie geschickten Leitung ihrer von 1996 bis 2017 amtierenden Direktorin Ingrid Mössinger fanden viele Ausstellungen weitstrahlende Beachtung: »Picasso et les femmes« (2002, fast 120.000 Besucher!), »Cranach« (2005/06), »Max Klinger in Chemnitz« (2007) und »Die Peredwischniki – Maler des russischen Realismus« (2012). Es war vor allem die letztgenannte Präsentation, die das Chemnitzer Publikum erstmals umfassend mit den kulturellen Leistungen des alten Russlands vor dessen Vernichtung und Verdammung durch den Bolschewismus bekannt machte. Zwei weitere zu den Kunstsammlungen gehörende städtische Museen erfüllen ebenfalls zentrale Anliegen eines an Kultur und Bildung interessierten Publikums: das *Schlossbergmuseum* und das *Museum Gunzenhauser*.

Das *Schlossbergmuseum* auf dem Gelände des ehemaligen Benediktinerklosters, neben dem Stadtarchiv der wichtigste lokale Gedächtnisspeicher, beherbergt seit seiner Eröffnung 1931 die zuvor im König-Albert-Museum untergebrachten Sammlungen des *Vereins für Chemnitzer Geschichte/Chemnitzer Geschichtsvereins*. Es präsentiert seit 1995 in einer Dauerausstellung zur Stadtgeschichte – und darüber hinaus in wechselnden Darbietungen – ausgewählte Aspekte der spätmittelalterlichen und frühneuzeitlichen Regionalgeschichte des gesamten westsächsischen Raumes. Das *Museum Gunzenhauser* hingegen widmet sich ausschließlich der künstlerischen Hinterlassenschaft der Klassischen Moderne. Seine etwa 2.400 Werke umfassende Kollektion, gestiftet vom Münchner Kunstsammler Alfred Gunzenhauser (1926–2015), ist seit 2007 im früheren, 1930 von Fred Otto in neusachlicher Formensprache errichteten Verwaltungsgebäude der Sparkasse Chemnitz untergebracht. Seither firmiert der Slogan »Chemnitz – Stadt der Moderne« als offizieller Wahlspruch der Kommune. Damit wird zugleich Bezug genommen auf die Tradition des Neuen Bauens am Ort, doch auch auf die wirtschaftliche und technologische Vorreiterrolle der Stadt im Zeitalter der Industrialisierung. Andere Einrichtungen – das am heutigen Standort 2003 eröffnete *Sächsische Industriemuseum*, sodann das 2004 zu einem multifunktionalen Kultur- und Begegnungszentrum umgebaute ehemalige Warenhaus Tietz (*DASTietz*, mit Stadtbibliothek, Volkshochschule, Naturkundemuseum und Neuer Sächsischer Galerie) sowie seit 2014 das *Staatliche Museum für Archäologie Chemnitz* (SMAC) in den Räumen des früheren Kaufhauses Schocken – bestätigen den Ruf der Stadt als regionalen Kulturmittelpunkt, den sie sich in den letzten beiden Jahrzehnten erworben hat. Parallel zu solch offizieller kommunaler Kulturpflege regt sich seit der Jahrtausendwende eine alternative Kunstszene, die sich mittels jährlich stattfindender Festivals (*Begegnungen*, seit 2003; *Festival für urbane Kunst*, seit 2006) darum bemüht, ungenutzte Potenziale alltagskultureller Kreativität freizusetzen.

Zur kulturellen und wissenschaftlichen Kräfteformierung nach 1990 hat, nicht zuletzt, die höchste Bildungseinrichtung am Ort maßgeblich beigetragen. Unter den vier sächsischen Landesuniversitäten Leipzig, Dresden, Chemnitz und Freiberg besitzt (und besaß seit jeher) die Chemnitzer Alma Mater vor allem in den technischen Disziplinen einen exzellenten Ruf. Neu- und Erweiterungsbauten, wie das Hörsaalgebäude »Orangerie« 1998, setzten sichtbare architektonische Akzente. Mit Eingliederung der Pädagogischen Hochschule Zwickau 1992 (bis 1997), Gründung der Fakultät für Wirtschaftswissenschaften 1993, der Philosophischen Fakultät 1994 und der Fakultät für Human- und Sozialwissenschaften 2009 erweiterte sich das Angebotsspektrum um zahlreiche innovative Disziplinen. Die Attraktivität vieler Fachrichtungen wird durch stetig steigende Studierendenzahlen belegt – im Wintersemester 2017/18 waren es 11.135. Allerdings werden seit 2003 einzel-

Der Theaterplatz heute mit (v. l. n. r.) den Kunstsammlungen Chemnitz, dem Opernhaus und der Petrikirche.

ne Studiengänge, vor allem in der Philosophischen Fakultät, wieder eingestellt.

Die *Technische Universität* ist auf vielfältige Weise in das lokale und regionale Kulturleben eingebunden. So kooperieren beispielsweise alle fünf (ab 2018: vier) Professoren der Europäischen Geschichte intensiv mit den wichtigsten Museen der Stadt und pflegen darüber hinaus eine vertraglich jeweils fest geregelte Zusammenarbeit mit Bildungseinrichtungen in Plauen *(Vogtlandmuseum)* und in der Oberlausitz *(Akademie Herrnhut)*. Vergleichbares gilt, in abgewandelter Form, für Vertreter technischer Disziplinen. Der seit 2007 aufgebaute *Smart Systems Campus* führt wissenschaftliche Expertise und unternehmerische Initiative auf dem Gebiet der Mikrosystemtechnik zusammen – von der Hardwarebasis für das Internet bis hin zum »Smartphone«. Er dient, unterstützt von der *Chemnitzer Wirtschaftsförderungs- und Entwicklungsgesellschaft* (CWE), als Anlaufstelle für die Gründung entsprechender Technologieunternehmen.

Jenseits solch sektoral begrenzter Erfolgsbilanzen rangiert jedoch ein weitaus entscheidenderes Kriterium an vorderster Stelle, wenn, wie in diesem Buch, rückblickend auf die geschichtliche Entwicklung der Stadt im 875. Jahr ihrer Gründung, von Aufstieg und Niederbruch, Untergang und Verwandlung, Krise und Neubeginn kommunalen Lebens gesprochen wurde: Das ist die ungebrochen starke Regsamkeit und Lebendigkeit der Chemnitzer Bürgerschaft. Arbeitsfreude und Einsatzbereitschaft, Redseligkeit und Humor, Offenheit und Fleiß, Jovialität und Betriebsamkeit haben ihre Vertreter in der Vergangenheit immer wieder ausgezeichnet. Es besteht kein Anlass, daran zu zweifeln, dass solche Einstellungen nicht auch in Zukunft Wachstum und Blüte der Stadt verbürgen.

Anhang

Zeittafel

1125–37	Gründung des Benediktinerklosters Chemnitz durch König/Kaiser Lothar III.
1143	Ersterwähnung des *locus Kameniz* in einer (gefälschten) Urkunde König Konrads III.
um 1200	Entstehung der Stadt Chemnitz
1296	König Adolf von Nassau in Chemnitz
1298	Erster Beleg für die Existenz von Stadtrat und Bürgermeister
ab 1308	Chemnitz steht unter der Herrschaft der Wettiner
1324	König Ludwig IV. verpfändet Chemnitz an die Wettiner
1331	Stadt und Kloster regeln Gerichtsrechte
1357	Privileg zur Errichtung einer Bleiche
1365	Erstbeleg für das Jakob-Patrozinium der Marktkirche
1375	Das Benediktinerkloster erwirbt die Burg Rabenstein
1381	Erstbeleg für das Schöffenkolleg
1398	Privileg für eine Papiermühle
1399	Erstbeleg für die Lateinschule
1402	Die Stadt Chemnitz kauft Land vom Benediktinerkloster
1423	Kurfürst Friedrich I. verkauft seine Gerichtsrechte an die Stadt
1478	Die Chemnitzer Bleiche wird städtisch
1485	Leipziger Landesteilung
1524	»Bierkrawall«
1539	Reformation in Chemnitz
1546/47	Schmalkaldischer Krieg
1618–48	Dreißigjähriger Krieg

1632	Erste Kriegshandlungen in Chemnitz
1644	Chemnitz wird Garnisonsstadt
1669	Verabschiedung einer neuen Ratsordnung
1696	Errichtung einer Postlinie von Chemnitz nach Leipzig und Annaberg
1756–63	Siebenjähriger Krieg, preußische Besatzung
1799	Errichtung einer ersten mechanischen Baumwollspinnerei
1800	Erste Chemnitzer Zeitung »Chemnitzer Anzeiger«
1817	Gründung der Chemnitzer Singakademie
1829	Gründung des Industrievereins für das Königreich Sachsen in Chemnitz
1831	Einweihung der Allgemeinen Bürgerschule
1836	Gründung der Königlichen Gewerbschule (heute: Technische Universität)
1838	Einweihung des Stadttheaters
1848	Bau der ersten Lokomotive in Chemnitz
1852	Eröffnung der Eisenbahnstrecke Chemnitz–Riesa
1860	Gründung des Vereins Kunsthütte
1869	Gründung der Stadtbibliothek
1872	Gründung des Vereins für Chemnitzer Geschichte (heute: Chemnitzer Geschichtsverein)
1883	Chemnitz wird mit über 100.000 Einwohnern die 15. Großstadt Deutschlands
1899	Einweihung der Synagoge
1909	Einweihung des König-Albert-Museums (heute: Städtische Kunstsammlungen) und des Neuen Stadttheaters (heute: Opernhaus)
1911	Eröffnung des Neuen Rathauses
1926	Eröffnung des Chemnitzer Flughafens
1930	Eröffnung des Kaufhauses Schocken und des Hotels »Chemnitzer Hof«
1931	Eröffnung des Schlossbergmuseums
1936	Chemnitz wird Firmensitz der »Auto-Union«
1938	Zerstörung der Synagoge
1942	Beginnende Deportation der Chemnitzer Juden
1945	Vernichtung der Stadt im Bombenkrieg

1953	Umbenennung der Stadt in »Karl-Marx-Stadt«
1965	800-Jahr-Feier der Stadt
1971	Einweihung des Karl-Marx-Monuments
1974	Grundsteinlegung für das Wohngebiet »Fritz Heckert«
1986	Die Technische Hochschule erhält den Status einer Technischen Universität
1989	Großdemonstrationen gegen die Repressionen des SED-Regimes
1990	Rückbenennung der Stadt in »Chemnitz«
1991	Eröffnung des Sächsischen Industriemuseums in Chemnitz
1992	Wiedereröffnung des Opernhauses
1995	Eröffnung des Schlossbergmuseums
1996	Beschluss des Stadtrates zur Bebauung der Innenstadt
2002	Einweihung der Neuen Synagoge
2004	Eröffnung des Kulturzentrum »DAStietz«
2007	Eröffnung des Museums Gunzenhauser
2014	Eröffnung des Sächsischen Museums für Archäologie
2019	246.855 Einwohner (Stand: 12/2017)

Literatur

Zu Teil I (Martin Clauss, S. 10–61)

Quellen

Paul Schneevogel / Paulus Niavis: Spätmittelalterliche Schülerdialoge, hg. v. Andrea Kramarczyk / Oliver Humberg, Chemnitz 2013.

Urkundenbuch der Stadt Chemnitz und ihrer Klöster, hg. v. Hubert Ermisch, Leipzig 1879 (Codex Diplomaticus Saxoniae Regiae II. 6).

Literatur

Bräuer, Helmut: Chemnitz zwischen 1450 und 1650. Menschen in ihren Kontexten, Chemnitz 2005.

Des Kaisers Kloster. Die Chemnitzer Abtei im Kontext kaiserlicher Politik und benediktinischer Wirkungsgeschichte, hg. v. Uwe Fiedler / Stefan Thiele, Chemnitz 2018.

Geupel, Volkmar / Hoffmann, Yves: Archäologie und Baugeschichte des ehemaligen Benedikinerklosters Chemnitz. Die Ausgrabungen im Schloßbergmuseum 1981–1993, Dresden 2018.

Hemker, Christiane / Hoffmann, Yves / Krabath, Stefan: Stadtarchäologie in Chemnitz, in: Sächsische Heimatblätter 60 (2014) S. 404–417.

Pfalzer, Stephan: Landesherrliche Privilegien als eine Form der Wirtschaftsförderung. Das Beispiel Chemnitz, in: Des Himmels Fundgrube. Chemnitz und das sächsisch-böhmische Gebirge im 15. Jahrhundert, hg. v. Uwe Fiedler / Hendrik Thoß / Enno Bünz, Chemnitz 2012, S. 156–165.

Schlesinger, Walter: Die Anfänge der Stadt Chemnitz und anderer mitteldeutscher Städte. Untersuchungen über Königtum und Städte während des 12. Jahrhunderts. Weimar 1952.

Viertel, Gabriele / Weingart, Stephan: Geschichte der Stadt Chemnitz. Vom »locus Kameniz« zur Industriestadt, Gudensberg-Gleichen 2002.

Zur Entstehung und Frühgeschichte der Stadt Chemnitz. Kolloquium des Stadtarchivs Chemnitz 24. April 2002, Chemnitz 2003.

Zu Teil II (Frank-Lothar Kroll, S. 62–158)

Quellen

Uwe Hentschel: Chemnitz und das sächsisch-böhmische Erzgebirge in alten Reisebeschreibungen, Chemnitz 2006.

Stefan Heym: Nachruf, München 1988.

Christoph Friedrich Jacobi: Historisch-pädagogische Reise nach Sachsen und einem Theile von Preussen, Teil I und II, Nürnberg 1835/36.

Christian Gottfried Kretschmar: Chemnitz wie es war und wie es ist. Ortsbeschreibung und geschichtlicher Abriss der Stadt (1822), Reprint mit einem Beitrag von Frank-Lothar Kroll, Melle 2019.

Otto Eduard Schmidt: Kursächsische Streifzüge, Bd. 4, 3. Aufl., Dresden 1928.

Friedrich Georg Wieck: Sachsen in Bildern (1841/42), Reprint Leipzig / Chemnitz 1990.

Curt Wilhelm Zöllner: Geschichte der Fabrik- und Handelsstadt Chemnitz von den ältesten Zeiten bis zur Gegenwart (1888), Reprint Frankfurt a. M. 1976.

Literatur

Ballarin, Werner / Richter, Jörn (Hrsg.): Faszination Kaßberg. Ein Chemnitzer Stadtteil im Spiegel seiner Bauwerke, 2. Aufl., Chemnitz 2006.

Boch, Rudolf / Karlsch, Rainer (Hrsg): Uranbergbau im Kalten Krieg. Die Wismut im sowjetischen Atomkomplex, Bd. 1: Studien, Bd. 2: Dokumente, Berlin 2011.

Boch, Rudolf / Kukowski, Martin: Kriegswirtschaft und Arbeitseinsatz bei der Auto Union AG Chemnitz im Zweiten Weltkrieg, Stuttgart 2014.

Bräuer, Helmut: Johann Gottlob Richter und seine Chemnitzer Chronik (1734), Leipzig 2018.

Chemnitz – Aufbruch in die Moderne. Reformen – Ansätze – Widerstände. Beiträge zur Stadtgeschichte 1918–1933, Leipzig 2010.

Chemnitz in der NS-Zeit. Beiträge zur Stadtgeschichte 1933–1945, Leipzig 2008.

Die SPD im Chemnitzer Rathaus 1897–1997, Hannover 1997.

Fiedler, Uwe (Hrsg.): Der Kelch der bittersten Leiden. Chemnitz im Zeitalter von Wallenstein und Gryphius, Chemnitz 2008.

Fiedler, Uwe: Bomben auf Chemnitz. Die Stadt im Spiegel von Luftbildern der Westalliierten, Chemnitz 2005.

Forberger, Rudolf: Die Manufaktur in Sachsen vom Ende des 16. bis zum Anfang des 19. Jahrhunderts, Berlin 1958.

Gartenstadt. Gablenzsiedlung Chemnitz: Entstehung, Geschichte und Sanierung einer Genossenschaftssiedlung, Chemnitz 2002.

Heilmann, Ernst: Geschichte der Arbeiterbewegung in Chemnitz und dem Erzgebirge, Chemnitz 1912.

Karl-Marx-Stadt. Geschichte der Stadt in Wort und Bild, Berlin 1988.

Karlsch, Rainer / Schäfer, Michael: Wirtschaftsgeschichte Sachsens im Industriezeitalter, Leipzig 2006.

Kassner, Jens: Chemnitz-Architektur. Stadt der Moderne, Leipzig 2009.

Kassner, Jens: Chemnitz in den »Goldenen Zwanzigern«. Architektur und Stadtentwicklung, Chemnitz 2000.

Kroll, Frank-Lothar (Hrsg.): Die Herrscher Sachsens. Markgrafen, Kurfürsten, Könige 1089–1918, 3. Aufl., München 2013.

Kroll, Frank-Lothar / Rezník, Miloš / Munke, Martin (Hrsg.): Sachsen und Böhmen. Perspektiven ihrer historischen Verflechtung, Berlin 2014.

Kroll, Frank-Lothar / Thoß, Hendrik (Hrsg.): Zwei Staaten, eine Krone. Die polnisch-sächsische Union 1697–1763, Berlin 2016.

Kroll, Frank-Lothar: Geschichte Sachsens, München 2014.

Kroll, Frank-Lothar: Sachsens letzter König Friedrich August III., in: Dresdner Hefte 80 (2004), S. 83–91.

Kukowski, Martin: Die Chemnitzer Auto Union und die »Demokratisierung« der Wirtschaft in der Sowjetischen Besatzungszone von 1945 bis 1948, Stuttgart 2003.

Lesch, Kristin: Sachsen im Ersten Weltkrieg, Dresden 2016.

Liebold, Sebastian / Uhlmann, Wolfgang (Hrsg.): Chemnitz. Streiflichter der Stadtgeschichte, Beucha / Markkleeberg 2018.

Metz, Katharina / Richter, Tilo / Schmückle von Minckwitz, Priska: Henry van de Veldes Villa Esche in Chemnitz, Basel 2003.

Mitteilungen des Chemnitzer Geschichtsvereins, Neue Folge X (2001), XI (2002), XVIII (2014), XIX (2016).

Nitsche, Jürgen: Juden in Chemnitz. Die Geschichte der Gemeinde und ihrer Mitglieder, Dresden 2002.

Reitz, Dirk / Thoß, Hendrik (Hrsg.): Sachsen, Deutschland und Europa im Zeitalter der Weltkriege, Berlin 2019.

Richter, Christian: Chemnitz wie es groß wurde. Der historische Wandel zur Industriegroßstadt, Teil I–III, Lugau o. J.

Richter, Gert: Chemnitz so wie es war, Düsseldorf 1991.

Richter, Tilo (Hrsg.): Der Kassberg. Ein Chemnitzer Lese- und Bilderbuch, Leipzig 1996.

Richter, Tilo / Schink, Hans-Christian: Industriearchitektur in Chemnitz 1890–1930, Leipzig 1995.

Richter, Tilo: Der Theaterplatz. Geschichte und Gegenwart in der Mitte von Chemnitz, Leipzig 2001.

Richter, Tilo: Erich Mendelsohns Kaufhaus Schocken. Jüdische Kulturgeschichte in Chemnitz, Leipzig 1998.

Schaller, Karlheinz: »Einmal kommt die Zeit«. Geschichte der Chemnitzer Arbeiterschaft vom Ende des 18. Jahrhunderts bis zum Ersten Weltkrieg, Bielefeld 2001.

Schaller, Karlheinz: »Radikalisierung aus Verzweiflung«. Geschichte der Chemnitzer Arbeiterschaft vom Ersten Weltkrieg bis zur Inflation, Bielefeld 2003.

Schaller, Karlheinz: Der Faktor Arbeit. Studien zu Chemnitz / Karl-Marx-Stadt nach dem Zweiten Weltkrieg, Chemnitz 1995.

Thoß, Hendrik / Müller, Mario H. (Hrsg.): Kriegsende in Sachsen 1945, Berlin 2018.

Uhlmann, Wolfgang: Chemnitzer Unternehmer während der Frühindustrialisierung 1800–1871, Beucha / Markkleeberg 2010.

Uhlmann, Wolfgang: Chemnitzer Unternehmen während der Hochindustrialisierung 1871–1914, Beucha / Markkleeberg 2018.

Uhlmann, Wolfgang: Das Wirken Chemnitzer Abgeordneter im Sächsischen Landtag (1833–1867), in: Manfred Hettling u. a. (Hrsg.): Figuren und Strukturen. Historische Essays für Hartmut Zwahr zum 65. Geburtstag, München 2002, S. 575–601.

Von André bis Zöllner. 125 Biografien zur Chemnitzer Geschichte, Radebeul 1998.

Von Alberti bis Zöppel. 125 Biografien zur Chemnitzer Geschichte, Radebeul 2000.

Von der Kgl. Gewerbschule zur Technischen Universität: Die Entwicklung der höheren technischen Bildung in Chemnitz 1836–2003, Chemnitz 2003.

Winkelmann, Arne: Expressionistische Industriearchitektur. Erich Basarkes Uhrturm der Schubert & Salzer Maschinenfabrik in Chemnitz, Leipzig 2000.

Register

Personenregister

Adolf von Nassau, König 15, 19, 21
Agricola, Georgius 55, 58f.
Albrecht I., König 20
Albrecht, Herzog v. Sachsen 22
Albrecht, Markgraf v. Meißen 18, 19
André, Wilhelm 97, 106
August, Kurfürst v. Sachsen 56, 64
Balthasar, Markgraf v. Meißen 26
Basarke, Erich 115, 117
Bauer, Bruno 65
Bebel, August 85
Beck, Heinrich Gustav 106
Becker, Christian Gottfried 84
Beethoven, Ludwig van 66, 77
Berlich, Johann Georg 63
Berthel, Kurt 136
Biener, Franz 113
Bismarck, Otto von 107
Böchel, Karl 112
Bodemer, Jacob Georg 75
Böttcher, Eduard Theodor 101
Brandler, Heinrich 112
Brecht, Bertolt 119
Bretschneider, Frank 143
Bruckner, Anton 77
Bürger, Wenzel 93
Chaetani, Oleg 78
Claus, Carlfriedrich 143
Clauss, Peter Otto 79
Crusius, Atlas 63
Dietel, Claus 143
Dittes, Friedrich 74
Dühring, Eugen 65
Eisenstuck, Bernhard 84
Ende, Curt am 115, 117
Ernst, Kurfürst v. Sachsen 22, 49
Esche, Herbert Eugen 99
Evans, Evan 70
Ferdinand I., König u. Kaiser 53
Foesterling, Friedrich Wilhelm Ernst 85
Friedel, August 119
Friedrich II., König und Kaiser 19
Friedrich II., Kurfürst v. Sachsen 24, 49
Friedrich III., Kurfürst v. Sachsen 49, 50
Friedrich I., Markgraf v. Meißen 21
Friedrich II., Markgraf v. Meißen 25
Friedrich III., Markgraf v. Meißen 23, 26
Friedrich IV., Markgraf von Meißen/Friedrich I., Kurfürst v. Sachen 22, 29, 30
Friedrich August I. (»der Starke«), Kurfürst v. Sachsen 64

167

Friedrich August III., König
v. Sachsen 104
Fueß, Wolfgang 52
Georg, Herzog v. Sachsen
50, 52
Gleibe, Fritz 130
Godefrid, Bürger v. Chemnitz 15, 21
Goethe, Johann Wolfgang
von 65, 70
Grotewohl, Otto 136
Grundig, Lea 138
Gunzenhauser, Alfred 155
Hähner-Springmühl, Klaus
143
Hartmann, Richard 81, 82
Haubold, Carl Gottlieb 80,
82
Hauptmann, Gerhart 119
Heckert, Fritz 112
Heilmann, Ernst 107, 108,
112
Heinicke, Michael 154
Heinig, Johann Traugott 74,
76
Heinrich, Herzog v. Sachsen
52f.
Heinrich von Schleinitz, Abt
des Benediktinerklosters 51
Hermlin, Stephan 120, 123
Hermsdorf, Hans 130
Heym, Stefan 120f., 123–125
Heyne, Christian Gottlob
64, 66
Hilarius von Rehburg, Abt
des Benediktinerklosters
53f.
Hindemith, Paul 77
Hitler, Adolf 123, 125, 135

Honecker, Erich 137
Hübschmann, Johann 110,
113
Ingenhoven, Christoph 152
Innozenz IV., Papst 16
Innozenz VIII., Papst 51
Jacobi, Christoph Friedrich
71f.
Jahn, Helmut 152
Jesse, Richard 100
Jessner, Leopold 119
Johann Friedrich I., Kurfürst
v. Sachsen 54f.
Johann Georg I., Kurfürst v.
Sachsen 56, 59, 62, 132
Johann Georg II., Kurfürst v.
Sachsen 61
Karl V., König u. Kaiser 54
Kerbel, Lew Jefimowitsch
137f.
Klinger, Max 90
Kollhoff, Hans 152
Konrad III., König 7, 10–13
Kretschmar, Christian Gottfried 67, 78
Landgraf, Georg 123
Lassalle, Ferdinand 85
Liebknecht, Wilhelm 85
Löser, Claus 143
Lothar III., König u. Kaiser
11, 13, 18
Ludwig IV., König u. Kaiser
21
Ludwig, Barbara 148
Luther, Martin 49f., 52
Mahler, Gustav 77
Malata, Oskar 77, 100

Margarete, Landgräfin v. Thüringen u. Pfalzgräfin v. Sachsen 16, 18f.
Marr, Wilhelm 65
Marx, Karl 136–139
Mauersberger, Heinrich 145
May, Karl 65
Mejo, Wilhelm August 76
Mendelsohn, Erich 116
Meyer, Gerhard 142
Möbius, Richard 89
Moltke, Hellmuth von 107
Morgner, Irmtraud 120
Morgner, Michael 143
Moritz, Herzog u. Kurfürst v. Sachsen 54-58
Mössinger, Ingrid 154
Müller, Heiner 142
Müller, Max 112, 130, 135
Munch, Edvard 99
Mutschmann, Martin 124
Napoleon I. 69
Neefe, Cristian Gottlob 66
Neefe, Paul 47
Nestler, Moritz 125, 130
Nietzsche, Friedrich 65
Noll, Dieter 147
Noske, Gustav 107f.
Ohorn, Anton 65
Olbricht, Friedrich 126
Otto, Fred 115ff.
Oxenius, Kurt 65, 121
Paulus Niavis 42–44
Philippi, Karl Ferdinand 80
Pilz, Joachim 147
Pohle, Max 77
Pomsel, Leberecht Traugott 74
Ranft, Thomas 143
Ree, Paul 65
Rewitzer, Franz Xaver 84
Richter, Johann Gottlob 67
Riesner, Hans 141
Rosenow, Emil 65
Schaffer, Gustav 98
Schiersand, Hermann 113
Schmeitzner, Ernst 65
Schmidt, Otto Eduard 102
Schmidt, Walter 124
Schmidt-Rottluff, Karl 99, 117f., 142
Schocken, Salman 116
Schocken, Simon 116
Schönherr, Louis 81–83
Schrag, Martha 98
Schreiber-Weigand, Friedrich 117f.
Seifert, Peter 147f.
Soergel, Albert 65, 119
Stahlknecht, Johann Friedrich 96
Stalin, Josef 112
Stauffenberg, Claus Schenk Graf von 126
Straumer, Heinrich 115, 117
Strauß, Richard 77
Sturm, Heinrich 106
Tauber, Anton Richard 77, 100
Tauber, jun. Richard 100
Thiele, Adolf Eberhard 98
Thiele, Nickel, Bürger v. Chemnitz 48
Thümmler, Johannes 124
Ulbricht, Walter 138
Ulrich von Crimmitschau, Abt des Benediktinerklosters 37f.

van de Velde, Henry 100
Vogel, Hermann Wilhelm 91
Wagner, Richard 77, 100, 154
Wagner-Poltrock, Friedrich 115f.
Weinhold, Adolf Ferdinand 101
Wieck, Friedrich Georg 78
Wilhelm I., Kaiser 107
Wilhelm I., Markgraf v. Meißen 25, 27
Wilhelm II., Markgraf v. Meißen 22
Ziegler, Bruno 98
Zimmermann, Johann (von) 81f., 95

Ortsregister

Adelsberg 59, 135
Altenburg 16, 19, 21, 24, 49
Altendorf 92
Altranstädt 64
Annaberg 63, 67
Bad Schlema 134
Baden 97
Barr 82
Bayern 79, 97, 123
Bayreuth 78, 154
Belgien 98, 100
Bełżyce 125
Berlin 80, 102, 111, 114, 118–120, 126
Bernsdorf 33, 91
Böhmen 63, 79, 121, 132, 133
Bonn 66
Borna 63
Borssendorf 33
Bremen 114
Buchenwald 125
Dänemark 64
Dresden 23, 40, 49, 64, 72, 79, 83, 95, 99, 100, 102, 124, 135, 150, 155
Ebersdorf 109, 131
Ehrenfriedersdorf 63
Einsiedel 128, 150
Eisenach 49
Elsass 81, 82
England/Großbritannien 69, 70, 81, 127 f., 128, 135
Erfenschlag 135
Euba 150
Flossenbürg 103
Frankenberg 68
Frankenhausen 50
Frankfurt 114
Frankreich 109
Freiberg 40, 49, 55, 72, 155
Frohburg 63
Gablenz 14, 33, 95
Gelenau 86
Geyer 48, 70
Glauchau 58
Glösa 135
Göttingen 64
Grimma 49
Grüna 150
Harthau 70
Helbersdorf 139
Hellerau 95
Hilbersdorf 106
Hof 151
Hubertusburg 69
Ingolstadt 144
Jena 49
Johanngeorgenstadt 134
Kappel 33, 139

Kaßberg 91, 92, 96, 97, 117, 140
Kiel 110
Klaffenbach 14, 78, 150
Kleinolbersdorf-Altenhain 150
Köln 47, 114
Kötzschenbroda 62
Leipzig 21, 27, 40, 44, 49, 54, 58, 63, 64, 72, 79, 85, 95, 124, 135, 151, 155
Limbach 86
Livland 64
London 82, 86, 135
Lößnig 95
Markersdorf 139
Meißen 8, 18f., 35, 49, 51
Mittelbach 150
Moskau 112, 113, 130, 138
Mozambique 149
Mühlberg 54f.
München 155
Neukirchen 86
Norwegen 99
Nürnberg 25, 27, 40, 71, 114
Oberlausitz 158
Oberlungwitz 86
Oberschlesien 121
Oelsnitz 80
Österreich-Ungarn 74, 133
Paris 86
Penig 63
Plauen 49, 81
Polen 124
Polen-Litauen 64
Prag 114, 124
Preußen 69, 79, 92, 97
Rabenstein 37f., 135
Riga 64, 125
Röhrsdorf 150
Rom 49
Rotluff 31
Russland 64
Sachsenburg 125
Schneeberg 134
Schweden 64
Siegmar-Schönau 135, 143
Sonnenberg 91, 140
Sowjetunion/Russland 103, 129, 130, 133, 134, 154
Stelzendorf 14
Streitdorf 33, 59
Theresienstadt 125
Thum 63
Torgau 49
Trier 136
Tschechoslowakei 121, 125, 131
USA/Amerika 124, 128, 129
Vietnam 149
Waldenburg 37f.
Wales 70
Wartburg 49
Weimar 49
Wien 100
Wittenberg 49, 64
Wittgensdorf 150
Württemberg 97
Zschopau 40, 104
Zwickau 16, 19, 21, 49, 80, 116, 155

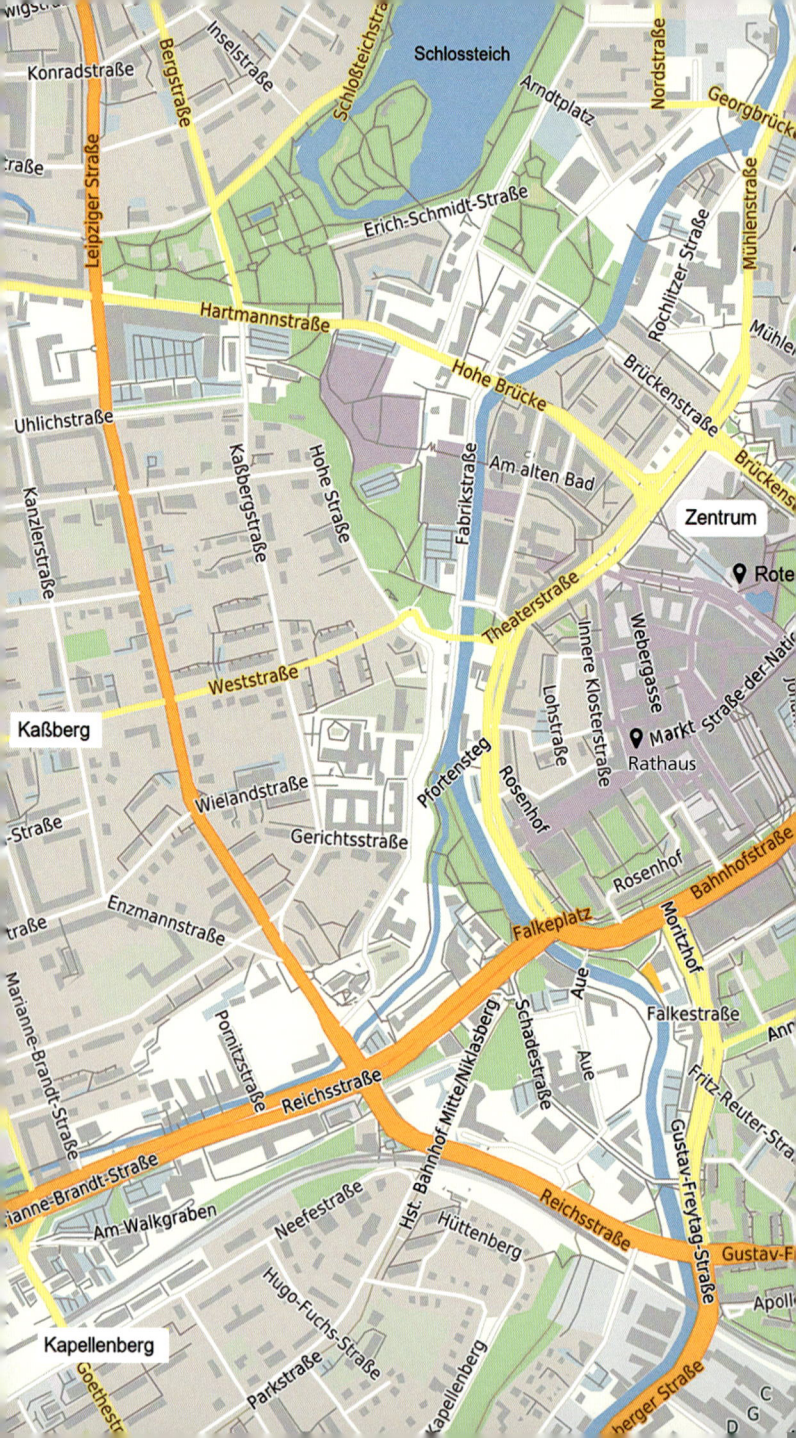

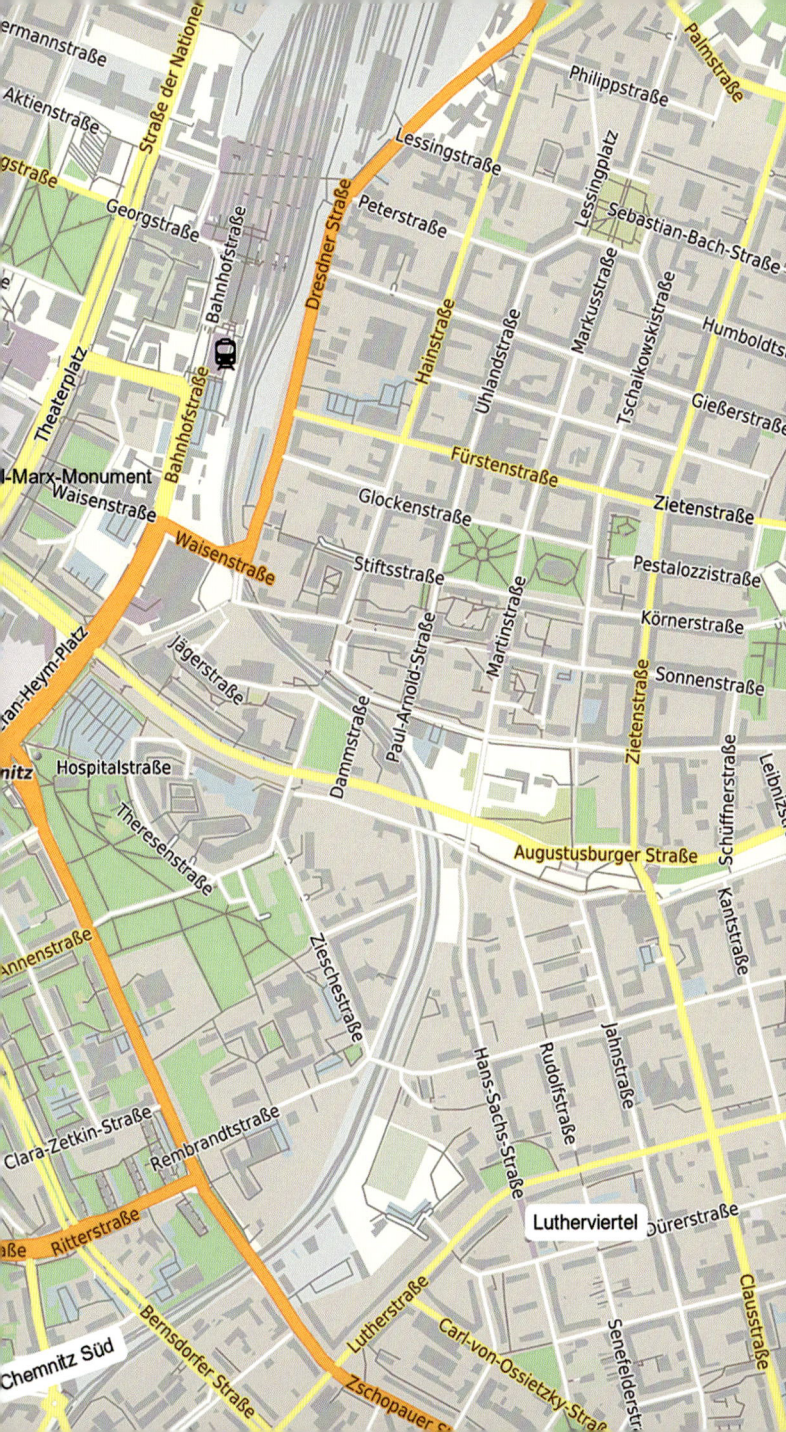

Bildnachweis

akg-images: 90 (BILWISSEDITION)
Alamy Stock Photo: 156/157
Frank-Lothar Kroll/Antonia Sophia Podhraski: 76, 118, 127
© Landesamt für Archäologie Sachsen: 17 (Luftaufnahme Otto Braasch [22.10.1995])
Sächsisches Staatsarchiv/ Hauptstaatsarchiv Dresden: 6
Schlossbergmuseum Chemnitz: 45, 53
Stadtarchiv Chemnitz: 24, 28, 50, 59, 83, 87, 89 (aus Curt Wilhelm Zöllner: Chemnitz am Ende des XIX. Jahrhunderts in Wort und Bild. Ansichten in Autotypie hergestellt und der Stadt Chemnitz gewidmet, Chemnitz 1900, S. 188), 132
Stepmap: 160/161 (09 May 2019 © Stepmap, 123map • Daten: OpenStreetMap, Lizenz ODbL 1.0)
Universitätsbibliothek Leipzig: 8 (MS 850, fol. 55v), 18 (MS 850, fol. 72r)
Villa Esche: 99
https://commons.wikimedia.org: 20 (Diktator – Eigenes Werk, CC BY-SA 3.0), 36 (Reinhard aus Sachsen, CC BY-SA 3.0), 41(w:User:Sgeureka – Eigenes Werk, CC BY-SA 4.0), 55 (Roman Grabolle (Krtek76) – Eigenes Werk, CC BY-SA 3.0), 72, 91 (The Yorck Project (2002)), 93, 98 (Sandro Schmalfuß – Own work, CC BY-SA 3.0), 115 (unbekannt – Postkarte, Bild-PD-alt), 116, 137 (Andreas Fränzel, 2004 – Selbst fotografiert, CC BY 2.5), 153 (Barras – Own work, CC BY-SA 3.0)

KLEINE STADTGESCHICHTEN – KOMPAKT, FUNDIERT & UNTERHALTSAM

ERHART DETTMERING
Marburg
Kleine Stadtgeschichte

Marburg erlangte bereits im Mittelalter als viel besuchtes Pilgerziel weitreichende Bedeutung.

»*Faktenreich und anekdotengewürzt füllt das Bändchen eine Lücke.*« MARBURGER MAGAZIN EXPRESS

2., aktualisierte Auflage
216 S., 34 Abb., 1 Stadtplan, kart.
ISBN 978-3-7917-2641-0

THOMAS WOZNIAK
Quedlinburg
Kleine Stadtgeschichte

Quedlinburg atmet Geschichte: Bis heute besticht die Silhouette der UNESCO-Welterbestadt durch zahlreiche gut erhaltene Stadttürme. Über 2100 Fachwerkhäuser und mittelalterliche Kirchen lassen Besucher in vergangene Tage eintauchen.

168 S., 35 Abb., 1 Stadtplan, kart.
ISBN 978-3-7917-2605-2

VERLAG FRIEDRICH PUSTET

Verlag Friedrich Pustet
Unser komplettes Programm unter:
www.verlag-pustet.de

Tel. 0941 / 92022-0
Fax 0941 / 92022-330
bestellung@pustet.de

PERSÖNLICHKEITEN, GÄRTEN & SCHLÖSSER

EDITHA WEBER
Große Fürstinnen und ihre Gärten
Spaziergänge durch sieben der schönsten Schlossparks in Deutschland

160 S., durchg. farbig bebildert, Hardcover
ISBN 978-3-7917-3030-1

Dieses Buch lädt zu einem Lesespaziergang ein: Er führt zu Pavillons, Statuen und Tempeln, die an die Lieben, Leben und Sehnsüchte großer Damen erinnern. Editha Weber nimmt Sie mit durch die Schlossgärten von Hannover-Herrenhausen, Berlin-Charlottenburg, Bayreuth, Dessau-Wörlitz und Tiefurt bei Weimar.
Hier wandelten und wirkten Kurfürstin Sophie von Hannover, Königin Sophie Charlotte in Preußen, Markgräfin Wilhelmine von Bayreuth, Herzogin Friederike von Württemberg, Fürstin Louise von Anhalt-Dessau und Herzogin Anna Amalia von Sachsen-Weimar und Eisenach.
Eine Gartenreise in die Vergangenheit!

VERLAG FRIEDRICH PUSTET

Verlag Friedrich Pustet
Unser komplettes Programm unter:
www.verlag-pustet.de

Tel. 0941 / 92022-0
Fax 0941 / 92022-330
bestellung@pustet.de